당신은 반드시 영어에서
해방될 수 있다

게임 중독, 영어 포기자 청소년, 8년 만에 영어 강사가 되다

당신은 반드시
영어에서
해방될 수
있다

유시찬 지음

영어의 영원한 노예, 대한민국

대한민국은 영어의 노예라고 생각한다. 이 말에 동의하는 사람이 동의하지 않는 사람보다 더 많을 것이다.

세계 10대 경제 대국이자 사교육에 매년 6조 원 이상의 돈을 쏟아붓고 있지만, 정작 영어성적은 세계에서 100위권 밖에 머물러 있는 대한민국. 비유하자면 전교에서 가장 돈이 많은 학부모를 가진 학생이 사교육에 막대한 돈을 투자하면서도 정작 성적은 전교 100등인 것과 비슷하다고 할 수 있다.

이런 비효율성, 이런 낭비는 영어 사교육 시장엔 호재이다. 수십만, 수백만 원의 수업료를 지불해도 영어가 늘지 않아, 다음 달에도, 다음 해에도 계속 수업료를 지불하게 되기 때문이다. 마치 입학생은 쏟아지는데 졸업생은 없는 대학교처럼, 요즘 같은 불황에도 영어 사교육 시장은 호황을 누리고 있다.

대한민국에서 영어성적이 없으면 제대로 취업할 수 없다. 그래서 모두가 토익, 텝스 등의 시험영어 학원에 줄을 선다. 학원은 그들이 목말라하는 바로 그 시험점수를 누구보다도 효과적으로 올려줄 수 있는 존재이다.

영어성적이 곧 영어실력을 의미하는 것이라면 얼마나 좋을까? 토익 800점이 넘는데도 외국인 앞에만 서면 벙어리가 되는 사람들이 널렸다. 왜냐하면 시험영어는 뛰어난 영어실력으로 정복이 가능하지만, 동시에 영어실력 없이 '시험 기술'로도 정복 가능하기 때문이다. 그래서 수험생들이 장기간의 노력이 필요한 영어실력의 성장이 아닌, 시험 족보, 기술 암기로 단기간에 성과를 올릴 수 있는 '토익점수 200점 향상반, 토익점수 700점 완성반' 등에 눈을 돌리는 것이다.

하지만 불행히도 이런 시험성적은 2년이면 만료가 된

다. 진정한 영어실력을 갖춘 사람들은 2년이 지나든 3년이 지나든, 자전거 타는 기술처럼 잊어버리지 않아 언제 시험을 쳐도 똑같이 좋은 성적을 낼 수 있지만, 족보와 암기로 시험을 친 사람들은 성적 유효기간이 만료되었을 때, 또 다른 시험성적이 필요할 때 다시 학원 문을 두드릴 수밖에 없다. 현재의 영어 사교육 시장은 스스로 학습할 수 없는 종속적이고 의존적인 학습자를 만들어내고, 영어 못하는 공인어학시험성적 보유자를 만들어낸다.

건강한 영어교육 시장의 형태는 어떤 것일까? 영어공부 방법을 몰랐던 학습자가 수강을 시작하면서 영어공부의 원리를 깨우치고, 기초를 다지고, 실전에서 쓸 수 있는 연습을 하며 작은 성공들을 맛보는 것. 그리고 결국에는 영어를 완벽하게 하진 않을지라도(세상엔 어떤 언어를 '완벽히' 구사하는 사람이 아무도 없다) 스스로 배우고, 틀린 점을 발견해 고치고, 다시 더 성장하는 시스템을 가질 수 있는 학습자가 되는 것. 그래서 영어학원을, 영어교육 시장을 졸업하는 1인 학습자들이 많이 나오는 그런 형태가 아닐까?

나는 영어학원을 다녀본 적이 한 번도 없다. 고등학교 2학년 때부터 독학으로 영어를 정복하겠다는 목표를 가지고 친구에게 CNN 테이프를 빌려 영어공부를 시작한 뒤로 줄곧 혼자 공부했다.

수능을 마친 후 대학입학 전까지 영어학원에 다니고 싶어서 부모님께 허락을 구한 적이 있지만, 결국 집안 형편이 어려워 다닐 수 없었다. 그때가 2008년 12월 13일이었고, 그날 나는 인터넷 영어학습 카페에 일기를 썼다.

"I believe in my potential."

열아홉의 나는 나의 가능성을 믿기에, 영어학원 같은데 못 다닌다고 해서 실망하지 않기로 했다. 나만의 방식으로 노력한다면 잘 할 수 있으리라 생각했다.

그리고 10년이 흘러 이 프롤로그를 적고 있는 오늘, 나는 영어를 졸업했다. 영어를 머릿속 번역 과정 없이 마음대로 내뱉을 수 있고, 미국인, 영어권 외국인 친구들과 함께 장난을 치고, 놀러 가고, 때로는 심도 있는 이야기도

Title	Shichan, Cheer Up!
Date	(13/12/2008)
Weather	Chilly
Mood	soso
Contents	Actually, my family doesn't have money much. And due to my entrance of the University problem, my dad is having a hard time. One day I asked my parents that if I can go to the an English speaking academy. But they said "no" so firmly, even though I said I would pay the money that I had saved. Although I was quite disappointed, I needed to face the reality. Many friends of mine is going to the English academy. But I won't be envy of them. I believe in my potential. And I will keep praying God for increasing of my English skill, and also for the entrance of the university. Cheer up Shichan! Don't be downed! You can do It!

주고받을 수 있게 되었다.

영어 선생님도 포기했던 영포자였던 내가 영어를 모국어처럼 쓸 수 있게 되면서, 이제는 예전의 나처럼 영어를 어려워하는 사람들에게 영어를 가르쳐주고 희망을 심어주는 일이 일상이 되었다. 지금 나는 대한민국 영어 강사다.

내가 이 책을 쓴 이유는, 나에게 두 가지 장점이 있기 때문이다. 하나는 영포자 출신의 국내파 강사라는 것이고, 다른 하나는 원어민 수준의 유창성을 지녔다는 것이다.

국내파 강사들과 원어민 강사들은 각각의 장단점을 갖고 있다. 원어민들은 발음과 유창성에서 뛰어난 모습을 보인다. 하지만 태어날 때부터 영어를 했기 때문에, 외국어로서 언어를 배우는 어려움에 공감하기 쉽지 않고, 학문적으로 설명하는 데 서툴다.

반대로 국내파 강사들은 언어를 학문적으로 분석하여 풀이하는 것에 능하고 학생들의 어려움에 잘 공감할 수 있지만 유창성이 뛰어난 강사들이 많지 않다.

나는 이 두 부류의 강사들이 갖는 장점을 모두 지닌 영어교육자이다. 영어 선생님조차 포기한 영포자였던 경험과, 시원스쿨, 야나두, 파고다 등에서 원어민 수준의 유창성을 인정받고 강사 채용에 동시 합격한 경험을 두루 갖고 있기 때문이다.

그래서 누구보다 영어를 어려워하는 사람들의 마음을 잘 이해할 수 있고, 지난 10여 년간 영어공부를 하며 겪었던 시행착오, 깨달음, 유용한 팁 등을 나눌 수 있다. 또한 학생들의 수준을 원하는 만큼 높여줄 수 있는 유창성과 학문적 지식을 동시에 갖고 있다.

앞에서 비유한 것과 같이 대한민국을 학교에서 가장 돈이 많은 학부모를 두고도 전교 100등을 한 학생이라고 한다면, 나는 기초수급자이지만 전교에서 1등을 한 학생이라고 할 수 있다. 물론 돈이 중요한 것은 아니다. 언어는 돈의 많고 적음과 관계없이 '습득되는' 것이기 때문이다.

그동안 우리가 영어공부에 실패했던 이유는 크게 두 가지이다. 첫 번째는 진정한 의미의 기초학습이 부족했기 때문이고, 두 번째는 실전연습이 전혀 되어 있지 않았기 때문이다. 나는 10여 년 동안의 시행착오를 통해 이 두 가지의 중요성에 대해 알게 되었고, 마침내 영어를 졸업할 수 있는, 마침내 영어를 나의 제2언어로 만들 수 있는 방법을 터득했다.

나는 현직 영어 강사이다. 2019년 현재 파고다에서 영어 일반청취를 맡아 가르치고 있다. 그리고 영어교육 콘텐츠 크리에이터이기도 하다. 유튜브 채널 〈유시찬 ShichanRyu〉 에서 사람들이 쉽고 재미있게 영어를 배울 수 있도록 영상을 올리고 있다.

더는 영어 실력의 향상 없이 영어학원을 관성적으로 다니는 학생들이 없게, 또 모든 학생들이 어제보다 오늘 더 성장하는 경험을 할 수 있게 노력하고 있으며, 앞으로도 최선을 다할 것이다.

지금껏 수많은 사람들이 내게 물어보았던 질문이 있다. "어떻게 그렇게 영어를 잘하게 되셨어요?" 이제 이 질문에 답해보겠다.

목차

01

영어공부의
방향을 틀어라

내 영어공부,
어디쯤 와 있을까?

　여기 한 척의 배가 떠 있다. 장엄한 위용을 자랑하는 범선에는 풍족한 식량이 구비되어 있고, 40여 명의 훈련받은 선원들이 타고 있다.

　그 누구도 이 배의 실패를 의심하지 않았다. 배는 출항하여 어느 바다의 한복판에 위치하게 되었다. 그런데 이 배에 없는 것이 딱 두 가지 있었으니, 바로 지도와 나침반이었다.

　선원들은 넓디넓은 바다 위에서 자신들의 목적지를 잊어버리고 말았다. 자신들의 위치가 어디인지는 물론, 앞으로 어느 방향으로 나아가야 하는지도 알지 못했다.

결국 이 배는 목적지에 도착하는 것은 고사하고 바다 위를 몇날 며칠 떠돌다가, 선원과 승객 모두 굶어 죽는 비극을 맞았다.

이 이야기처럼, 우리가 인생이라는 긴 항해를 할 때 어디를 향해 가는지, 또 어느 지점에 와 있는지 알지 못한다면 인생은 결코 순탄하게 흘러가지 않을 것이다. 영어공부도 마찬가지이다.

그동안 영어공부의 바다 위에서 무작정 노를 저어왔다면, 이제 우리가 어디쯤에 와 있으며, 목표까지 거리가 얼마나 되는지를 분명히 알아야 한다. 내 상태를 알아야 깨달음이 시작될 수 있다.

당신이 알던 'How are you?'는 틀렸다

자, 여기서 문제를 하나 맞춰보자.

"How are you?" 다음에 오는 말은?

'바보 아니야? I'm fine, thank you. And you? 이거잖아!' 아마 많은 사람들이 문제를 맞혔을 것이다. 그런데 만약 외국인이 코앞에 다가와서 "How are you?"라고 하면 어떤 표정과 기분이 들까?

'하우알유'의 대답이 '아임파인'이라는 걸 모르는 사람은 한국에 없지만, 막상 이 표현을 제대로 편하게 말하는 사람은 굉장히 적다. 외국인이 다가와 '하우알유?'라고 물어보면, 우리는 자동반사적으로 '아임파인땡큐'라고 한다. 하지만 우리의 표정에는 당황한 기색이 역력하고, '왜 쟤는 나한테 말을 건 거야, 대체 정말!' 하며, 또 말을 걸까 봐 두려워한다.

당신이 알고 있던 'How are you?' 사용법은 틀렸다. 당신의 이런 영어를 과연 실용적이고 살아 있는 영어라고 말할 수 있을까?

'How are you'를 제대로 쓰는 법을 알아보자. 우리가 학교에 들어가서 가장 먼저 배우는 이 표현을 실전에서 제대로 쓰고 싶다면, 한국어에서 '안녕하세요?'를 어떻게 쓰는지 생각해보면 된다.

우리는 '안녕하세요'라는 말을 할 때 어떻게 하는가? 무미건조하게, 당황하고 두려워하면서 "안..녕...하..세...요? 히익~!" 하진 않을 것이다.

이 인사말을 하는 본질적인 이유는 무엇인가? 우리는 상대방을 만나 반갑고, 상대방이 어떻게 지내는지 궁금한 마음에 "안녕하세요?"라고 인사한다.

비언어적 표현도 무시할 수 없다. 우리는 반가운 마음을 가지고 인사말을 건넬 때, 적의 없이 진심 어린 미소를 띠며 이야기한다. 이렇게!

"안녕하세요?" (싱긋)

'How are you?'도 똑같다. 상대방에 대한 반가운 마음을 담아, are 부분에 약간 강조점을 넣어서 말하면 된다. 미소와 함께, 이렇게!

"Hey, James, how ARE you?" (싱긋)

이 인사를 상대방이 먼저 건넸다면 대답은 어떻게 해야 할까? 길게 말할 것 없이 잘 지내냐는 질문에 대한 잘 지낸다는 통상적 답변이므로, 짧게 웃으며 "Good!" 또는 "I'm doing great!" 하고 답하면 된다.

그리고 '당신도' 잘 지내냐고 덧붙이기 위해 'How are

you'를 반복하되, '당신', 혹은 '너'가 대답할 차례이므로 you 부분에 강조점을 넣어서 'How are YOU?' 하고 덧붙여주면 된다.

"Good! How are YOU?"
"I'm doing great! How are YOU?"

어떤 표현을 쓸 것인지, 문법이 맞는지 안 맞는지는 중요하지 않다. 메라비언의 법칙The Law of Mehrabian에 따르면 인간의 대화에서 언어가 직접적으로 차지하는 비중은 생각보다 굉장히 적다.

일반적인 대화 중 한 사람이 상대방으로부터 받는 이미지에서 언어의 내용 자체가 차지하는 비중은 불과 7퍼센트이며, 제스처나 표정 등 시각이 55퍼센트, 목소리의 톤이나 음색을 차지하는 청각이 38퍼센트라고.

이처럼 언어에서는 무엇을 말하느냐, 어떤 표현을 사용하느냐만 중요한 것이 아니라, 어떤 목적을 가지고 말하느냐, 어떤 감정을 가지고 말하느냐가 중요하다.

따라서 앞의 질문에 잘 답변하지 못했다면, 여러분의 영어는 죽은 것일지도 모른다. 우리는 이러한 영어에서 깨어나야 한다.

당신의 영어에는 실전이 결여되어 있다. 그렇게 오랫동안 영어를 공부했는데 정작 외국인 앞에만 서면, 영어를 사용해야 하는 순간이 오면 왜 그렇게 굳어버리고 마는 것일까?

기초는 결코
쉬운 게 아니다

　보통 영어학원을 깨나 다닌 사람들은 자신의 영어가 완벽하지는 않아도 어느 정도 기초는 잘 잡혀 있다고 생각한다. 초등학교 6학년이 되었으니 초등학교 1학년 과목은 식은 죽 먹기라고 생각하는 것과 비슷하지 않나 싶다.

　하지만 프롤로그에서 말했듯, 우리가 영어공부에 실패하는 이유 두 가지 중 하나가 바로 이 기초의 부족에서 나온다는 사실을 기억해야 한다.

　'기초'라는 단어를 들으면 어떤 생각이 떠오르는가? 많은 사람들이 다음과 같은 등식을 거부감 없이 받아들여 왔다.

기초Basic = 쉽다Easy

"기초는 쉽다! I am a boy, You are a girl. 봐, 얼마나 쉬운데!"

하지만 이렇게 말하는 사람들은 정작 아주 기본적인 것조차 말하지 못한다. 기초학습이 잘 되어 있는지를 알고 싶다면 이 질문을 던지면 된다.

"Tell me a little bit about yourself."

"당신에 대해 조금 이야기해주시겠어요?" "당신에 대한 이야기를 들려주세요." 이런 질문인데, 보통 면접이나 영어 말하기 시험에서 나오는 가장 첫 번째 질문이다.

영어의 기초가 잘 되어 있는 사람들은 이런 자기소개에서 망신당하지 않는다. 왜냐하면 기초가 튼튼하다는 것은 '쉬운 것만 골라 했다'는 뜻이 아니기 때문이다. 기초란 다음과 같다.

기초^{Basic} = 중요하다^{important}

건축학을 보면 기초공사가 얼마나 중요한지 알 수 있다. 수십 층의 고층건물을 지지하고 있는 지반이 원래 논이었는가, 아니면 화강암 지반이었는가에 따라서도 건물의 내구도가 달라지지만, 기초공사를 얼마나 튼튼하게 했는가도 앞으로의 사고를 예방하는 데 큰 변수가 된다.

그러한 공사를 '쉬운' 공사라고 부를 수 있겠는가? 설령 그 과정이 간단하더라도 절대로 대충 해서는 안 될 것이다. 기초공사가 잘못되면 1층부터 99층까지의 모든 주민들이 잠재적으로 위협받을 수 있다. 그렇기 때문에 이 과정의 중요도는 모든 과정 중 최고로 높다고 할 수 있다. 따라서 이렇게 등식을 써보는 것도 좋겠다.

기초^{Basic} = 매우 중요하다^{Very important}

기초^{Basic} = 어려울 수도 있다^{Can be difficult}

이제 알겠는가? 여러분이 아무리 'How are you?'를 배웠어도, 제대로 사용할 줄 모른다면, 그것은 겉핥기식으로 공부를 한 것이고, 날림으로 공사를 한 것이다. 기초는 중요하고, 제대로 배워야 한다. 뒤에 나오는 영어학습의 여덟 단계에서 다시 한 번 언급하겠다.

자신에게 꼭 맞는
시스템을 구축하라

앞으로 영어를 잘하고 싶다면, 제일 먼저 할 일은 그동안의 공부방법을 점검해보는 것이다. 잘못된 점을 점검하고 고치지 않으면, 똑같은 실수를 반복하게 된다. 아인슈타인은, 똑같은 실수를 계속해서 반복하면서도 더 나은 결과를 바라는 것은 어리석은 일이라고 말했다.

본격적으로 영어 이야기를 하기에 앞서, 나에게 맞는 공부방법을 찾아 기적 같은 성과를 올린 경험을 먼저 나누려고 한다. 바로 고3을 앞둔 겨울방학 때 8등급이었던 수학성적을 3등급으로 올린 이야기이다.

영포자였던 나에게 영어보다 더 심각했던 문제는 바로 수학이었다. 고등학교 2학년 때는 아예 포기 수준이었다 ('포기하면 편해'가 내 좌우명이었다). 어느 정도였냐 하면, 모의고사를 볼 때 첫 문제만 한 5분 동안 풀고 나서 남은 시간에는 엎드려 자다가, 종료 5분 전에 모든 객관식은 3번으로, 남은 주관식은 모두 32, 16 등의 아무 숫자로 답을 적어 넣는 식이었다. 8등급이 나온 것도 찍은 게 몇 개 맞아서 그렇지, 사실상 9등급이라고 봐야 했다.

그러다가 겨울방학이 시작할 때쯤 아버지께서 나를 부르셔서는 수학공부를 좀 더 해보는 게 어떻겠냐고 걱정 어린 눈빛으로 심각하게 말씀하셨다. 그래서 마음을 다잡고 제대로 수학공부를 해보기로 결심했다.

당시 학교에서는 《EBS 수능특강》과 《쎈 수학》 같은 유형 풀이 문제집 두 개를 숙제로 풀어오게 했다. 보통 학생이라면 진도에 따라 공부가 되어 있기 때문에, 숙제로 내주는 문제들은 심화문제인 경우가 많았다.

하지만 기초가 없었던 나는 이미 한참 지나가버린 진도를 따라잡지 못해 숙제를 단 한 장도 제대로 할 수가 없었다. 그래서 학교에서는 선생님께 혼이 나고, 집에서는 아무리 붙잡고 씨름을 해도 문제가 쉽사리 풀리지 않아 스스로에게 화만 냈다.

근본적인 시스템을 뜯어고칠 필요가 있었다. 그래서 나의 공부습관에 어떤 문제가 있으며, 수능이라는 목표를 위해 취해야 할 가장 효율적인 시스템은 어떤 것일지 심각하게 고민해보기 시작했다. 결론이 나왔다.

"딱 하루, 한 번의 시험에 성패가 달려 있는 수능 수학. 핵심은 30여 개의 문제 중 처음 보는 낯선 유형의 문제가 없게 하는 것이다. 따라서 내가 집중할 것은 특정 단원에 대한 심화공부가 아닌, 전 단원에 대한 얕은 공부이다."

그래서 심화문제 숙제를 포기하고, 이미 나갈 대로 나가버린 진도도 뒤로 하고, 서점에 가서 가장 쉬워 보이는 문제집을 하나 샀다. 이해하기 쉬운 그림과 친구에게 말하는 듯한 구어체로 개념을 설명하는 수학 포기자 친화적

　　　　　01 · 영어공부의 방향을 틀어라

인(?) 문제집이었다. 나는 이 문제집을 처음부터 차근차근 끝까지 풀었다. 개념 설명도 잘 되어 있고 문제도 많지 않아 금방 다 풀 수 있었다.

그러고 나서 오답노트를 정리했다. 정확한 문제 수가 기억나지 않지만, 총 500문제 중 거의 40퍼센트를 틀렸다고 해보자. 그렇다면 200문제를 빈 노트에 쓰고, 답안 도출 과정을 자세히 써서 내가 스스로 이해할 수 있게 정리했다. 그런 다음 그 노트를 가지고 다니면서 끝까지 풀었다.

첫 번째 오답노트에서는 200문제의 40퍼센트인 80문제 정도를 틀렸다. 이번에도 틀린 문제에 대해 오답노트를 정리했고, 다시 그것만 보면서 고2 겨울방학을 마무리했다.

고3 첫 학기, 첫 모의고사가 시작되었고 나는 기적을 경험했다. 3등급을 맞은 것이다. 그것도 2등급에서 1문제 모자란! 나와 수학선생님은 얼싸안았고, 정말 정말 행복했다. 수학선생님께는 죄송한 말씀이지만, 선생님께서 주신 숙제와 진도를 무작정 따라가려고만 했다면 스트레스만 폭발하고 성적은 바닥이었을 것이다.

그리고 그해 11월 수능이 될 때까지 모든 모의고사에서 3등급을 받았다. 수학을 정말로 싫어했기 때문에, 그이상 공부하지는 않았다. 하지만 성적은 3등급 이하로 한 번도 떨어지지 않았다. 수학을 8등급에서 3등급으로 끌어올린 덕분에 나는 대학에 진학할 수 있었다.

단지 눈앞의 상황을 보기보다 몇 걸음 물러서서 숲을 봐야 한다. 그리고 반드시 목표를 이룰 만한 시스템을 구축해야 한다. 이는 우리의 영어공부에도 똑같이 적용된다.

02

영어,
편견의 벽을
넘어라

영어의 발목을 잡는
학습된 무기력

　서커스단에서 재주를 부리는 거대한 코끼리는 아주 작은 말뚝에 묶여 있다. 뒷발을 쓱 하고 올리면 작은 말뚝쯤은 빠질 것도 같은데, 코끼리는 왜 그 말뚝일랑 빼버릴 생각은 하지 않고 얌전히 묶여 있는지 많은 사람들이 궁금해했다. 가엾은 코끼리가 탈출을 포기하게 된 사연은 새끼 때로 거슬러 올라간다.

　그 코끼리는 평생 같은 말뚝에 묶여 있었다. 막 태어났을 때 그 말뚝은 새끼코끼리에게는 너무나 큰 기둥과도 같았다. 몇날 며칠을 소리 지르며 안간힘을 써도 마치 육중한 산처럼 말뚝은 꼼짝도 하지 않았다. 결국 새끼코끼리의 마음속 깊숙한 곳에는 이런 결론이 자리잡았다.

"나는 죽었다 깨어나도 이 말뚝을 뽑지 못해."

그렇게 새끼코끼리는 이른바 '학습된 무기력'을 얻게되었고, 몸집이 거대한 어른 코끼리가 되어서도 말뚝을 뽑을 생각조차 못 한 것이다.

우리 삶의 다양한 영역에 이와 같은 말뚝이 있다. 이를 영어에 적용하면, 영어를 못하는 사람들 중 적지 않은 사람들이 심리적으로 그 말뚝을 갖고 있다. 어떤 것은 두려움이라는 이름으로, 다른 어떤 것은 편견이라는 이름으로 말이다. 그래서 영어로부터 탈출하지 못하고, 자유로워지지 못한다.

영어를 효율적으로 배워서 자유롭게 구사할 수 있는 방법과 여건이 충분히 주어졌는데도, 이 학습된 무기력을 극복하지 못하는 것이다. 영어에 대한 무기력은 우리도 모르는 사이에 우리 스스로 만들어낸 감옥이 되었고, 우리는 여기서 빠져나가지 못하게 되었다.

이번 장에서는 영어에 대해 사람들이 갖고 있는 편견, 즉 영어로 가는 길을 가로막고 있는 편견에는 어떤 것들이 있는지 알아보고, 이것을 깨보는 시간을 가져보자. 영어공부의 출발선에 한결 가벼운 몸으로 다가설 수 있을 것이다.

나는 돈이 없어서
영어를 못하는 거야

영어를 하지 못하는 이유가 '돈이 없어서'라고 말하는 사람들이 있다. 물론 이들 중에는 정말 끼니를 잇기 어려울 정도로 돈이 없는 사람도 있을 것이다. 하지만 지금 이 책을 읽고 있는 당신이 그런 말을 한다면, 과감하게 그건 편견이라고 말하고 싶다. 책을 사서 읽고 있다면, 끼니는 해결하고 있다고 봐도 무방하니까 말이다.

돈이 없어서 영어를 배우지 못한다는 이들 중에는 조기 유학을 가는 금수저들을 부러워하는 사람들도 있을 것이고, 대치동에서 고액과외를 받는 이들을 부러워하는 사람들도 있을 것이다.

하지만 돈은 더는 우리의 배움에 걸림돌이 되지 않는다. 왜냐하면 우리가 사는 21세기에는 정보가 도처에 널려 있기 때문이다. 이를 증명할 흥미롭고도 감동적인 사례를 소개해보겠다.

줄리우스 예고Julius Yego는 케냐 출신의 창던지기 선수이다. 그는 세계선수권대회에서 금메달을 휩쓸고 리우 올림픽에서 은메달을 획득한 올림피언이다. 케냐의 작은 산골마을의 가난한 농부 부모 밑에서 태어난 줄리우스는 마을에 있는 유일한 학교까지 걸어가기 위해 매일 8킬로미터를 맨발로 통학하던 소년이었다. 그의 취미는 나뭇가지를 꺾어 만든 창을 멀리 던지는 것이었는데, 재능을 발견한 뒤 지역대회를 나가기 시작하면서 점점 성장했다.

그에게는 코치가 필요했지만 돈도, 경기장도, 도와줄 사람도 없었다. 그런 그가 찾은 대안은 바로 유튜브. 그는 시내에 있는 사이버카페(피시방)에 가서 인터넷으로 유튜브 채널을 켰다. 검색창에 창던지기javelin를 검색했고 세계적인 창던지기 선수들에 관련한 영상들과 그들의 일상적 훈련에 관한 영상들을 접했다.

다음 날부터 그는 세계적인 선수들의 훈련 매뉴얼을 따라 훈련하기 시작했다. 그때가 2009년이었고, 정식 훈련을 한 지 2년 만인 2011년에 그는 아프리카 대회에서 금메달을 딴다. 그렇게 그의 화려한 선수생활이 시작되었다.

올림피언이 되고 싶었던 가난한 산골 농부의 아들은 코치도 훈련 시설도 창도 아무것도 없었지만 유튜브를 통해 터득한 훈련방법으로 마침내 그 꿈을 이루었다.

아마 그가 1988년생이 아니라 1968년생이었다면, 그래서 본격적으로 훈련을 시작한 때가 유튜브가 있었던 2009년이 아니라 1989년이었다면, 아무리 노력해도 올림픽에 출전하기는 어려웠을지도 모른다. 쉽게 정보를 얻을 수 없었을 테니 말이다.

그는 시대를 잘 타고난 것이다. 그가 원할 때 정보가 있었다. 인터넷 덕분에, 케냐의 작은 산골마을에도 세계 최고 운동선수들의 훈련영상이 전해졌다. 그리고 그 축복은 영어공부를 하는 우리에게도 똑같이 적용되고 있다.

언어에 재능이 없어서
영어를 못하는 거야

틀린 말이다. 지구 상에 언어공부에 실패한 사람은 없다. 모든 사람이 모국어를 말하니까 말이다. 어떤 사람이든 정상적인 아이큐를 가지고 있다면, 말을 하고 소통을 하고 자신의 언어를 완벽하게 사용할 줄 안다. 그리고 당연한 말이지만, 영어도 언어이다.

그런데 안타깝게도 우리는 다른 언어를 배울 때 모국어를 배웠던 방법대로 접근하지 않고 학문적인 접근방법을 취한다. 언어가 갖고 있는 본질, 즉 의사소통, 감정 공유, 정보 전달, 사물 묘사, 욕구 표현 등은 뒤로 한 채, 학문적인 것, 즉 과학, 지리, 사회, 혹은 비즈니스 용어로 영어에

접근하는 것이다.

만약 어린아이가 언어를 배우는 방식대로 외국어를 배웠다면 그리 어려움을 느낄 일은 없었을 것이다. 왜냐하면 아이들은 어려운 법전이나 비문학 지문 같은 걸로 언어를 배우는 것이 아니라, 아주 기초적인 것부터 차근차근 배워나가기 때문이다. 예를 들어 밥 먹고, 배고프고, 똥 싸고, 목마르고, 장난감을 가지고 노는 것 등등 말이다.

이처럼 어린아이는 당장의 필요에 집중하는 아주 핵심적인 문장들로 언어공부를 시작한다. 옹알이를 시작하면서 48개월이 되기까지 4년 남짓한 시간 동안 아이는 성인들이 일상대화에서 쓰는 회화의 70퍼센트를 습득하게 된다.

그 기초는 베이비토크, 그러니까 "밥 맛있게 먹었니?" "트림할까?" "장난감 사줄까?" "아이고, 다 흘렸네"처럼 일상생활에서 수백 번 발화되는 기본적인 문장들이다. 이 문장들을 반복적으로 체득하고 체화하면서, 아이는 더 어려운 문장들을 학습할 수 있는 기초와 기본을 마련할 수 있게 된다.

성인의 언어공부는 어떠한가? 성인은 화려한 것, 어려운 것을 좋아하는 한편, 기초를 등한시하고 반복을 싫어하는 경향이 있다. 그렇기 때문에 어떠한 것도 쌓이지 않고, 어떠한 표현도 딱 필요할 때 나오지 않는 것이다.

결론은 이과머리라는 것은 있을 수 있겠으나, 언어를 배우는 데 있어서 재능을 타고나는 일은 없다는 것이다. 기억하라. 우리는 모두 한 가지 이상의 언어를 마스터한 성공적 언어학습자이다.

한국인은 혀가 짧아서 유창하게 발음하지 못해

중학교 때 들은 충격적인 이야기가 하나 있다. 당시 사교육 열풍이 어마어마했는데, 심지어 일부 학부모가 유창한 영어 발음을 위해 자녀들의 혀를 일부 잘라내는 수술까지 시켰다는 얘기였다.

한국인의 혀가 영어를 발음하기에는 선천적으로 짧아서, 발음을 잘 하기 위해서는 혀의 뿌리를 잘라내 혀가 더 앞으로 나올 수 있게 해야 한다는 주장이었다. 실제로 나는 대학생 때 그 수술을 했다는 친구를 본 적이 있다. 그 친구는 "실제로 조금 나아진 것 같던데?"라고 말했었다.

그렇다면 다행이지만, 나는 영어 발음을 잘 하기 위해

신체의 일부를 자르는 일은 절대 할 필요가 없다고 생각한다. 선천적인 신체구조 때문에 키 작은 사람들이 덩크를 못 할 수는 있지만, 언어에서는 결코 해당되는 얘기가 아니기 때문이다.

예시는 멀리 있지 않다. 재미교포들을 보면 된다. 그들은 미국에서 태어나고 자랐다. 그리고 영어를 원어민으로서 구사하며, 발음이나 악센트에 아무런 결점이 없다. 우리가 잘 아는 다니엘 헤니, 드라마 〈워킹데드〉의 스티븐 연, 영화 〈서치〉의 주인공인 존 조만 봐도 그렇다. 그들의 발음은 어떠한 비판도 받지 않는다. 그리고 그들은 한국인 부모님을 가지고 있다.

혀가 짧은 한국인들이 영어를 잘 하기 위해 혀를 잘라야 한다면, 미국인들이 한국어를 잘 하기 위해서는 긴 혀를 묶어놓기라도 해야 한다는 것인가? 어불성설이다.

발음연습은 곧 유연성 연습, 소근육 훈련이다. 다른 나라 사람들이 자기네 나라 말을 유창하게 말하는 것을 볼 때면 '어떻게 저렇게 혀가 빨리 굴러가지?' 하는 생각이 들 것이다. 정답은 반복적인 소근육 훈련, 즉 혀와 입 근육의 훈련에 있다.

특정 언어를 잘 한다는 것은, 몸이 기억하여 생각할 필요가 없을 정도로 입이 움직이는 상태를 말한다. 그런 경지는 마치 프로 게이머가 눈 감고도 키보드를 조작할 수 있는 수준, 그리고 프로 테니스선수가 시속 210킬로미터가 넘는 강서브를 본능적으로 받아치는 수준과 같다.

발음은 혀를 자르지 않아도 훈련을 통해 충분히 좋아질 수 있다. 방법은, 좋은 영어 콘텐츠를 많이 읽고 낭독하고, 보고 듣고 따라 하고, 또 자신의 목소리를 녹음한 뒤 원본과 비교해보면서 더 나은 버전으로 만들어나가는 작업을 반복하는 것이다.

우리의 선천적 구강구조는 잘못한 게 없다. 다만 새로운 '스포츠'에 적응을 못 한 것일 뿐이다. 테니스 황제 로저 페더러가 탁구에는 젬병인 걸 아는가? 실제 탁구 하는 영상을 보면, 고작 5개월 남짓 탁구를 배운 내가 봐도 우습게 이길 수 있을 만한, 친구 집에서 내기 탁구만 네다섯 번 해본 수준이었다. 테니스공을 수천만 번 다루어보고 서브의 구질과 공의 회전, 역학을 잘 이해하는 페더러가 탁구는 젬병이라니, 재미있지 않은가?

아마 그저 다른 스포츠라서, 그에게 우선순위가 아니기 때문에 집중하지 않아서 그럴 것이다. 만약 테니스라는 스포츠가 아예 없어지고, 탁구밖에 할 수 없는 상황이 온다면 그는 몇 년 안에 탁구를 아마추어 이상 수준으로 마스터할지도 모른다.

해보았는가 안 해보았는가, 훈련하여 내 몸 안에 적응되었는가 안 되었는가의 문제이지, 선천적으로 못 하는 건 이 세상에 생각보다 많이 없다.

"나는 선천적으로 안 돼서 못 해"라는 식의 말은 일종의 마약같이 우리의 가슴을 파고든다. 선천적으로, 태어날 때부터 불가능하다는 말은 얼마나 달콤한가? 이 말은 노력해도 의미가 없을 것이기 때문에 노력하지 않겠다는 뜻이다.

하지만 그런 핑계를 대기에 당신은 너무도 강한 사람이다. 수천 번 넘어진 끝에 걸음마를 했고, 한국어라는 까다로운 언어를 마스터한 사람이다. 학교를 하나도 나오지 않았더라도, 신체 건강하고 말을 할 수 있다는 것 자체만으로도 당신은 많은 것을 해낸 사람이다. 영어라고 못 할 이유가 있겠는가?

그러니, 구강구조 같은 말도 안 되는 논리는 집어치우고 지금부터라도 발음연습을 시작해보자.

나는 영어단어가 부족해서
회화를 못하는 거야

우리는 종종 단어가 부족하다는 말을 많이 하는데, 사실 우리는 일상생활에서 필요한 거의 모든 단어를 알고 있다. 그런데 왜 말을 잘 못하냐고? 그 이유는 '단어 활용도'가 떨어지기 때문이다.

내가 생각하기에 단어공부보다 더 중요한 것은 단어 활용도이다. 지금 당장 go를 사용해서 다섯 문장을 말해보라. 시작!

"I… I… go… I go… to… 음…"

이렇게 말했다면 당신의 단어 활용도는 낮은 수준이라고 말할 수 있다.

지구 상에 영어단어는 총 몇 개가 있을까? 10만 단어가 있다고 한다. 10만 단어의 1퍼센트는 몇 단어인가? 1천 단어이다. 재미있는 것은, 10만 단어의 1퍼센트에 불과한 이 1천 단어로도 일상생활의 80퍼센트에 대처가 가능하다는 사실이다.

보통 쓰이는 1천 단어에는 어떤 것들이 있을까? 있다, 보통, 나는, 생각한다, 아세요?, 먹었어요?, 뭐 마실까요?…. 먹다, 자다, 만나다, 공부하다…. 이런 단어들이 있을 것이다. 영어로는, study, eat, go, drink, meet…. 이 중에 모르는 단어가 있는가? 이처럼 미국인이 하루 일과에서 실제로 사용하는 단어들 중 80퍼센트는 우리가 이미 알고 있는 것들이다.

10만 단어의 2퍼센트인 2천 단어의 경우라면 일상생활 중 몇 퍼센트에 대처할 수 있을까? 놀랍게도 98퍼센트의 상황에 대처가 가능하다. 나머지 2퍼센트는 전문지식이나 장식 같은 표현이다.

나전칠기, 낭중지추, 타산지석이라는 말을 알고 있는가? 아는 사람도 있고, 모르는 사람도 있을 것이다. 아무튼 그 단어를 몰라도 삶에는 지장이 없다. 몰라도 잘만 산다. 그리고 100일 중 몇 번이나 그 단어를 사용할까? 거의 사용할 일이 없을 것이다.

또 다른 예로, 한국어에서 '차례를 지내다'라는 표현을 100일 중 몇 번이나 쓸까? 어떤 사람은 한 번도 안 쓴다. 개중에 "이틀은 쓰는 것 같은데요?"라고 답하는 사람이 있더라도, 48시간 동안 연속으로 "차례를 지내다", "차례를 지내다"라고 반복해서 말해야 그 말이 성립된다.

우리 주변에서 볼 수 있는 재미있는 단어 활용도의 사례 중 하나가 어린아이의 사례이다. 만 48개월 아동의 경우 성인들이 구사할 수 있는 언어의 70퍼센트를 알아듣고 말할 수 있다. 이 아이들은 아마 1천 단어도 채 모를 것이다. 만 48개월이면 한국나이로 여섯 살이다.

지난주에는 교회에 갔다가 36개월이 조금 안 된 교회 꼬마아이에게 "너 신발 정말 예쁘다. 누가 사줬어?" 하고 살갑게 물었다. 그랬더니 아이가 진지한 말투로 내게 대답했다. "이거 사준 거 아니거든요? 있던 거거든요?"

발음은 아직 아기발음이지만, 아이가 말한 문장의 수준이 언어강사인 나에게는 충격으로 다가왔다. 세상에 태어난 지 만 3년도 안 되었는데, 일반적인 영어학습자들에게 작문을 시키면 거의 패닉이 올 정도의 문장을 아이는 이미 구사하고 있었다.

아이들이 기저귀 안에 국어 단어장이라도 숨겨놓은 게 아닐까? 저명한 언어학자에게 교육을 받은 건 아닐까? 장난삼아 의심을 하게 되지만, 우리는 그게 아니라는 사실을 잘 안다.

그렇다면 아이들은 어떻게 공부한 것일까? 특별한 것은 하나도 없다. 다만 엄마 아빠가 일상에서 매일 쓰는 단어로 일상을 채워나갔을 뿐이다.

평소에 요리를 잘 안 했던 사람은 막상 요리를 할 때 식재료나 조미료가 어디에 있는지 잘 몰라 헤매기 쉽다. 하지만 요리를 자주 하던 사람은 재료가 어디에 있는지 정확히 알기 때문에 필요할 때 바로바로 찾아서 사용할 수 있다. 단어도 마찬가지이다. 모름지기 단어란, 얼마나 많이 알든 간에, 필요할 때 바로바로 찾아서 쓸 수 있는 재료가 되어주어야 한다.

나는 이렇게 말해두겠다. 단어공부와 영어회화공부는 동시에 시작해야 한다. 적지 않은 경우 사람들은 자신이 회화를 잘 못하는 이유가 '단어가 부족해서'라고 말하며, 단어장을 다 외운 다음 회화공부를 시작하겠다고 말하는데, 참 안타까운 일이다.

'몇 시에, 무엇을, 왜.' 우리는 이것의 영어 표현을 잘 알고 있다. 'What time, what, how.' 하지만 진짜 중요한 것은 영어단어를 아는 것이 아니라 실제로 활용할 줄 아는 능력이다.

고등학교를 졸업하면 알고 있을 2천 단어, 아니 단 200단어라도 사용해서 200개 문장을 만들 수 있는 능력을 확보한 뒤에 새로운 단어를 배워도 늦지 않는다는 사실을 깨달아야 한다.

그래도 다른 단어를 배우고 싶다면 단어 학습과 동시에 그 단어를 문장에 섞어서 실제로 써볼 수 있게끔 공부하는 것을 추천하겠다.

다시 한 번 말하지만, 단어의 양보다 중요한 것은 단어 활용도이다. 500단어밖에 알지 못하는 7세 유아가 2천 단어를 공부한 성인보다 영어를 잘 할 수 있는 이유는, 아이의 단어 활용도는 100퍼센트인 반면, 성인의 단어 활용도는 10퍼센트밖에 안 되기 때문이다.

무조건 많이 들으면
잘 들리는 거 아니야?

예전에는 영어교육이 문법 위주로 이루어졌지만, 요즘은 리스닝에 대한 관심이 커지면서 영어로 된 영화나 미국만화를 가지고 공부하는 사람들이 많아졌다. 기존의 영어교육 공식이 종합영문법 + 영한사전 외우기였다면, 이제는 리스닝 + 원어민 수업 듣기로 바뀌고 있는 것이다.

그런데 무작정 많이 듣기만 하면 영어가 잘 들릴까? 그렇지 않다. 체대 졸업 후 뒤늦게 영어공부에 뛰어든 박코치 영어훈련소의 박종원 선생님은, 무작정 하면 될 거라는 확신을 가지고 1만 시간이 넘도록 영어청취를 했지만, 결국 영어는 하나도 늘지 않고 이명이 나서 고생만 하셨다고 한다.

물론 그 후 시행착오를 거쳐 뛰어난 실력을 가진 지금의 박코치어학원의 원장이 되셨지만, 박원장님의 경험담은 왠지 남 일 같지가 않다.

우리 주변에도 라디오나 TV로 〈EBS 귀트영〉, 〈입트영〉, 〈이지 잉글리쉬〉, 〈파워 잉글리쉬〉 등을 틀어놓고 영어청취를 일상적으로 습관처럼 하고 있는 사람들이 많이 있다. 하지만 그런 사람들이 영어를 잘 하는가? 영어 말하기에 적극적인 몇몇 사람을 빼놓고는 대부분 성과를 내지 못하는 것이 현실이다.

안타깝게도 공부를 위한 공부에서 그치는 경우가 많다. 학원을 다니며 팝송이나 미드로 영어공부를 해온 사람에게 종종 이런 질문을 던지곤 한다. "그동안 배웠던 팝송이나 미드에서 기억에 남는 가사나 대사를 세 문장 정도 말씀해보실 수 있나요?" 대부분의 사람들이 대답하지 못한다. '학습을 하고 있다'는 기분에 취해, 정작 진짜 목적인 언어수준의 향상은 뒷전이 되어버린 것이다.

리스닝을 하지 말란 소리가 아니다. 리스닝은 언어학습 과정에서 가장 기초적이고 핵심적인 단계이다. 하지만 올바른 접근법과 태도^{attitude}가 없다면 백날 영어를 들어도 그저 공장에서 나오는 소음이 되어버리고 만다. 그렇다면 어떻게 공부해야 하는 걸까? 이에 대해서는 뒤에서 자세히 다루기로 하겠다.

어른은 아이보다
언어습득 능력이 떨어져

어른들은 어린아이처럼 두뇌가 말랑말랑하지 못해서 새로운 언어를 배우는 게 힘들 거라는 생각들이 있는데, 사실은 정반대이다. 어른들이 어린아이들보다 새로운 언어를 배우는 데 훨씬 더 유리하다.

그 이유는, 어른들은 이미 한 가지 언어를 마스터해본 경험이 있기 때문이다. 어떤 언어이든 다른 언어와 공통점을 갖고 있기 마련이다. 그리고 사람들은 사회적 동물이기 때문에 희로애락의 기본적인 감정과 사회적 규범 등등을 지닌다.

언어가 아무리 어렵다고 한들, 결국은 사람과 사람 사

이의 소통이고, 정보 전달이고, 감정 공유이다. 따라서 만약 어른이 영어공부를 한다면, 아이가 공부할 때 들이는 시간보다 훨씬 더 적은 시간을 들여서 효율적으로 영어를 배울 수 있다.

예를 들어 어른들은 m과 n 발음, ㅁ과 ㄴ발음을 이미 구분할 줄 알지만, 아이들은 이것을 습득하기까지 매우 오랜 시간이 걸린다. 그리고 어른들은 상황 판단을 빠르게 할 수 있다. 누군가의 눈치를 봐야 하는 상황이라든가, 누가 화난 상황이라든가, 행복해하는 상황에서 '아, 이 사람은 이런 감정을 느끼는구나' 하고 재빠르게 파악이 가능하다. 하지만 아이들은 누가 울거나 웃어도 분위기를 파악하는 데 서툴다.

그렇기 때문에 작정하고 공부를 시작하기만 하면 어른들이 아이들보다 더 잘할 수밖에 없다. 올바른 단계를 거쳐서 간다면 충분히 아이를 앞설 수 있다.

다만 우리가 지지부진한 이유는 본질적이고 자연적인 방법대로 영어를 공부하지 못하고, 어려운 토익, 토플, 과

학, 지리 등 실생활과는 아무 관련이 없는 것들로 시작하
기 때문이다.

완벽한 문장으로
말해야 해

한국인이 영어를 말하지 못하는 이유 중 하나는 머릿속에서 완벽한 문장을 만들어서 꺼내야 한다는 강박관념 때문이다.

관광객: "Excuse me. Do you know where the Kyobo bookstore is?"

　– "실례합니다. 혹시 교보문고가 어딘지 아시나요?"

나: '아, 큰일났다. 뭐라고 말하지? 어디에 있는지는 아는데 설명하기가 복잡하네. 쭉 가서 우회전이

영어로 뭐지? 아, 큰일 났네. 에라이, 모르겠다.'

"Sorry, I cannot speak English."

− "죄송한데, 저 영어 못 해요."

조금 과장된 사례일수도 있지만, 많은 사람들이 이처럼 영어를 완벽하게 못 하느니 차라리 말을 안 하는 방법을 택한다. 왜 그럴까? 그 이유는 어렵지 않게 추측할 수 있다. 바로 평가를 강요받는 공교육 시스템 속에서 자라왔기 때문이다.

영어를 잘 말하느냐 못 말하느냐가 아니라 50문제의 빽빽한 수능영어 시험지에서 하나라도 덜 틀리는 것이 중요하고, 영어권 국가 사람들과 소통이 얼마나 잘 되는지 안 되는지가 아니라 교과서 본문을 얼마나 완벽하게 외웠는지가 더 중요한 사회. 한 문제만 더 틀려도 성적이 떨어지고, 성적이 떨어지면 좋은 학교에 진학할 수 없고, 좋은 학교에 가지 못하면 실패한 인생이 펼쳐진다는 두려움이 팽배한 사회. 실수에 무자비한 사회에서 자라온 것이 그 원인이라고 생각한다.

영어를 모국어처럼 잘하고 싶다면, 어릴 적 모국어인 한국어를 배울 때 '실수'에 대한 내 태도가 어떠했는지 생각해보자. 우리가 영어에 대해 가지고 있는 이 완벽주의가 어릴 적 우리말을 배울 때도 과연 있었는지 생각해보자.

생각해보았는가? 우리는 어마어마한 실수 생산기였다. 완벽과는 거리가 멀어도 너무 먼 아이들이었다.

옹알이처럼 말하기

아기들이 하는 옹알이를 한번 생각해보자. 아기들은 세상에 태어난 지 몇 개월 지나지 않아 귀엽게 침을 흘려가며 이렇게 말한다. "뱌뱌뱝바바바엄마빱빠."

수능시험의 잣대로 이 아기의 언어영역을 평가하면? 아마 낙제생이라고 할 수 있을 것이다. 하지만 이 말도 안 되는 오류투성이의 옹알이가 나중에 완벽한 우리말을 구사하게 하는 '최초의 언어'라는 사실을 아는가? 우리가 만일 아기였을 때 처음부터 완벽한 언어를 말하려고 했다면 평생 아무 말도 하지 못했을 것이다.

언어습득이란 엄청난 시행착오를 통해 두뇌에 빅 데이터를 찾고 패턴을 찾아서 언어의 방을 만들고 자리를 잡아가는, 정교한 성장의 과정이기 때문이다. 마치 아이가 끊임없이 손발을 파닥거리다가 마침내 뒤집기를 하고, 안간힘을 쓰며 뒤집기를 하다가 마침내 기어 다니고, 방바닥을 마구 기어 다니다가 마침내 걸음마를 하는 것과 같다.

처음부터 완벽한 문장을 만들려고 하는 것은, 마치 갓세상에 태어난 아기가 산부인과 계단을 미친 듯이 뛰어 내려가서 병원 한 바퀴를 전력질주하길 바라는 것과 같다.

완벽한 문장을 말하려고 하는 것은 언어학습자에게는 세 가지 측면에서 독이다.

첫째, 처음부터 완벽한 문장을 만드는 것은 애초에 불가능한 일이다.

둘째, 시행착오와 성장의 기회를 빼앗는다.

셋째, 성장하지 않는 자신의 모습에 절망하게 되고, 학습 의욕 자체를 잃어버리게 된다.

그렇기 때문에 완벽하지 않아도 끊임없이 내뱉어야 한다. 초라하고 오류투성이의 문장일지라도 내뱉어야 한다. 영어를 말해야 하는 실제 외국인과의 대화 상황이 온다면 더더욱! 말을 못 해 커뮤니케이션의 기회 자체를 잃어버리는 것보다는, 조금 부족한 언어로 커뮤니케이션을 갖는 게 경험치를 더 높여주기 때문이다.

계속 엉망인 수준에 머무르라는 것이 아니다. 우선은 말을 뱉고, 가능하면 상대방에게 피드백을 구하고, 집에 돌아와서는 오늘 말했던 영어가 어떤 점에서 어려웠는지 곱씹어본다. 그리고 이 말을 내일 다시 말한다면 어떻게 보완·발전시켜 말할 수 있을지 생각해보고 그날이 가기 전에 연습한다.

주변에 원어민처럼 영어를 자연스럽게 구사하는 친구가 있어도 그를 무작정 부러워해서는 안 된다. 뱁새가 황새 따라가다 가랑이가 찢어지듯, 잘하는 친구들을 좇느라 완벽하게 말해야 한다는 강박에 사로잡힐 수 있기 때문이다. 당신과 그들을 비교하지 말고, 어제의 당신과 오늘의 당신만을 비교하라. 그리고 아기가 옹알이하듯 최초의 말을 뱉어내고, 오늘밤에 반성하고, 내일 더 나은 문장을 말하라.

그렇게만 한다면 오늘은 어제보다 조금 더, 그리고 내일은 오늘보다 조금 더 영어를 잘하게 될 것이다. 반드시.

회화를 하기 전에
문법부터 마스터해야 해

이것에 관해서는 할 말이 많다. 왜냐하면 전 국민이 영어를 배울 때 문법부터 학습하기 때문이다. 문법을 공부해야 영어회화를 할 수 있다며 문법책을 보는 사람들에게 이렇게 질문하고 싶다.

"공교육에서 12년 동안 문법을 배웠고, 관계대명사나 현재완료 have P.P에 대해 귀에 못이 박히게 듣지 않았습니까? 그럼 지금 현재완료형 문장 다섯 개를 말해볼 수 있으세요?" 아마 대다수가 말하지 못할 것이다.

말이 먼저였을까, 문법이 먼저였을까? 말이 먼저였을 것이다. 이것은 주변만 둘러봐도 쉽게 알 수 있다. 문법은 하나도 모르지만 말을 하는 사람이 더 많은지, 문법은 많이 아는데 말을 하나도 할 줄 모르는 사람이 많은지를 생각해보라.

문법은 아는데 말은 못 하는 경우는 외국어의 경우로 한정된다. 말은 원시시대 때부터 존재했고, 나중에 학자들이 그것의 원리를 분석하고 학문화한 것이 문법이다. "우리가 말을 이렇게 쓰고 있었구나" 하는, 사후적인 측면이 많은 것이다.

그럼 어떻게 공부를 해야 할까? 상황부터 시작하는 것이 좋다고 생각한다. 지금 내가 처한 상황에서 필요한 것들부터 배워나가는 것이다.

인사를 할 때는 "How are you?"라고 한다. 이때 are가 비동사인지 일반동사인지 아는 것은 중요하지 않다. 일단은, 이럴 때 이런 말을 쓰고 어떤 감정을 담아서 쓴다는 걸 아는 게 중요하다.

어린아이가 엄마와 함께 마트에 갔다가 집에 오는 길에 엄마가 양손 가득 든 장바구니를 잠시 내려놓고 허리를 두드리며 "아이고 죽겠다"라고 혼잣말을 하는 것을 보았다고 하자. 그 말을 들은 아이가 나중에 혼자서 방 정리를 하다가 "아이고 죽겠다"라고 말을 해서 엄마가 실소를 금치 못하는 경우가 있다.

이처럼 자연스럽게 모국어를 배우는 아이는, 언어를 이루는 어떤 법칙을 깨닫기보다, 어떤 상황에 어떤 말을 쓰는지를 인지한 뒤 나중에 다시 그 상황에 맞닥뜨렸을 때 그 말을 내뱉는 식으로 학습한다.

그렇기 때문에 문법공부라는 것은 후천적으로 외국어를 공부하는 우리에게 매우 중요한 요소이지만, 그것이 전부가 되어서는 안 된다. 문법공부의 유일한 목표는 영어를 사용하는 상대방과 자연스럽게 이야기를 주고받는 것임을 기억해야 한다.

03

목표를
세우고
전진하라

영어회화 공부의
무한 연료, 열정

얼마 전 내가 다녔던 기독교 대안학교의 동창 한 명이 결혼을 했다. 그 친구의 결혼식에서 우연히 중학교 때 나를 가르치셨던 영어선생님을 만났다.

"소영 쌤!"
"어머, 시찬아. 너무 오랜만이다. 이게 얼마 만이니?"

선생님은 결혼하고 딸을 낳아 일을 쉬시면서 아이와 잘 살고 있다고 하셨고, 나의 근황은 어떤지 물으셨다.

"저는 요즘 영어 강사로 일하고 있어요."

"뭐라고?"

선생님은 실소를 금치 못하면서 이렇게 말씀하셨다.

"야, 시찬. 너 영어는 영 아니었잖아?"

그래서 내가 어떻게 고등학교 3학년을 앞두고 영어공부를 독학으로 시작하게 되었는지, 그리고 지금 어떤 일을 하고 있는지를 말씀드리고, 유튜브에 올린 영상들도 짧게 보여드렸다. 그랬더니 선생님께서는 대단하고 자랑스럽다고 이야기해주시면서 딸이랑 같이 영상을 보겠다고 하셨다.

"너 영어는 영 아니었잖아." 내가 청소년 시절 많이 들었던 이야기이다. 중학교 때는 내가 영어시간에 발음을 하면 친구들이 배꼽 빠지도록 웃었다(그땐 친구들의 관심을 받고 싶어서 일부러 더 틀리게 발음을 하기도 했다). 초등학교 6학년 때까지 chair(의자)의 스펠링도 쓸 줄 몰랐다.

당시에는 집안 형편이 어렵기도 하고 학교 방침도 있어서 영어학원을 다닐 수도 없었다(등록금이 대학교 정도로 비싼 기독교 대안학교에 다녔지만 교직원인 아버지 덕분에 학비는 면제였다).

그러다가 나의 첫사랑이자 짝사랑 민하(가명)로부터 CNN 테이프를 하나 얻게 되었다. 민하는 소위 말해 완벽한 엄친딸이었다. 어렸을 때 미국에서 8년 이상 살면서 영어를 모국어처럼 구사했고, 노래와 춤을 배워 마치 가수 보아 같았고, 엄청 부잣집 딸인데도 용돈을 쪼개 꾸준히 사회적 기업에 기부하는 등, 만화책에서나 볼 법한 캐릭터였다.

민하와 나는 같은 교회와 같은 학교에 다니면서 친하게 지냈다. 그리고 내가 오랜만에 정신을 차리고 영어공부를 하려고 마음먹을 때쯤, 민하는 자신이 초등학교 때 듣던 CNN 카세트테이프를 나에게 빌려주었다. 민하는 한국에 돌아온 뒤 혹시나 영어 감각이 둔해질까 봐 이 테이프를 많이 들었다고 했다. 그리고 나에게도 도움이 되었으면 좋겠다고 말했다.

나는 그녀를 짝사랑해왔고, 심지어 그 시절 내 좌우명은 '그녀처럼 되자Be like her!'였다. 그런 민하가 나를 생각해서 준 선물이었기 때문에 결코 그 마음을 헛되이 할 수는 없었다. 나는 집에 도착하자마자 내 방 피아노 위에 있는 오디오 기기에 카세트테이프를 넣고 이렇게 중얼거렸다.

"나는 지금 이 순간 미국에서 다시 태어났다. 그리고 이 테이프는 나의 엄마이자, 아빠이다. 나는 가능한 모든 시간 동안 엄마 아빠의 말을 들을 것이다. 3개월 뒤에는 옹알이를, 3년 뒤에는 말을 트고, 8년 뒤에는 미국 초등학교 1학년생에 준하는 영어실력을 갖게 될 것이다."

당시에 나는 수학에서 8등급을 3등급으로 올리는 시스템을 적용시키고 있었기 때문에, 영어에도 일종의 리셋이 필요하다는 것을 깨닫고 있던 참이었다.

학교에서 가르쳐주는 내신공부, 회화공부를 깨작깨작 한다고 해서 내 영어실력이 급성장 하는 게 아니라는 걸 알았고, 우리 학교뿐만이 아니라 대한민국 모든 학교에서 가르치는 공교육 영어가 학교 졸업자는 만들지 몰라도, 영어 졸업자, 영어 스피커Speaker를 만들어주는 구조는 아니라는 생각도 했다.

나는 영어를 세상에서 가장 잘하는 사람들이 누구일까 생각해보았고, 그 답은 원어민이었다. 원어민은 언제 언어를 가장 많이 습득해 성장하는가? 바로 출생 후 48개월 정도까지의 시간이다. 어린아이들은 기저귀에 단어장을 숨겨놓은 것도 아닌데, 딱 자기에게 필요한 것들만 골라서 최단시간 최대효율을 낸다. 또 만 4세 무렵에는 성인들이 하루 동안 말하고 듣는 일상회화의 60퍼센트 이상을 알아듣고 말하게 된다.

나는 이 과정에 끌렸고, 나의 영어공부에도 원어민 아이가 겪는 공부환경과 공부방식을 따르겠다는 결론을 내렸다. 즉, 다시 태어난다는 생각을 가진 것이다.

아무튼 이 방법은 기가 막히게 성공했다. CNN 테이프를 처음에 맨땅에 헤딩하듯 듣는 일은 처음 3개월 동안은 거의 어떤 성과도 없었다. 하지만 나는 차츰 성장하는 법, 학습하는 법을 깨우쳐나갔다.

영어에 별다른 재능이 없었던 나였지만, 결국 고2, 고3 때의 공부로 영어실력의 폭발적 향상을 경험했다. 그리고 발전된 수학과 영어 실력에 힘입어 숭실대학교 영어영문과에 입학할 수 있었다.

대학에 들어간 뒤 본격적으로 공부를 하기 시작했다. 2009년 대학 첫해에 오픽OPIc이라는 영어말하기 시험에서 '시험공부 없이' 만점을 획득했고, 그로써 첫 학기와 다음 학기까지 전액장학금을 타게 되었다.

내 영어공부에는 강력한 동기가 두 개가 있었다. 첫 번째는 민하라는, 내가 가장 사랑하는 여자 친구의 응원에 보답해야 한다는 마음가짐, 그리고 두 번째는 민하와 영어로 대화해보고 싶다는 목표였다. '영어는 글로벌 사회에 필수 언어니까'라는 식의 외적 동기로 인한 목표가 아니었다. 마음속에서 뿜어나오는 뜨거운 열의였다.

내가 제2외국어 공부에
실패한 이유

마침내 영어를 한국어만큼이나 편하게 쓸 수 있게 되면서, 나에겐 야심찬 목표가 생겼었다. 그 목표는 바로 이것이었다.

"나 유시찬, 5개국어 구사자가 될 거야!"

당시 내가 영어를 독학한 스토리를 모르는 사람들이 주변에 없을 정도였다. 주변 사람들이 많이 칭찬을 해준 덕에 이제는 다른 언어를 배워보겠다는 욕심이 생겼다. 그래서 중국어, 일본어, 스페인어, 프랑스어를 배우기 위해

서점에서 여러 권의 책을 샀던 기억이 난다.

첫 시작은 일본어였다. 서점에서 일본어 첫걸음, 일본어 문법책, 일본어 단어책 등을 사서 가져오고, 집에서 무작정 일본어 만화를 다운받아서 여러 번 듣기 시작했다.

그러다가 일본어를 포기하고, 그다음엔 중국어를 하다가 또 포기하고, 그다음엔 스페인어, 그다음엔 프랑스어를 하다가 포기했다. 모두 최대 3개월을 넘기지 못했다.

중국어를 배우기 위해 학원에 간 적도 있다. 그때 강사는 무려 이화여대 국문학 박사과정을 밟고 있어 한국어까지 뛰어난 중국인 원어민 선생님이었다. 한번은 선생님이 나를 2주 정도 가르치시고 이런 말씀을 하셨다.

"시찬 씨는 제가 강사생활을 하면서 가르쳤던 모든 학생 중에 가장 빨리 배우는 두 사람 안에 드는 것 같아요. 정말 성장속도가 놀라워요!"

그때 내가 얼마나 흐뭇했는지 모른다. 하지만 나는 다음 달 수업을 듣지 않았다.

이런 식으로 나의 5개국어 도전은 처참한 실패로 돌아 갔다. 그 이유를 나중에 곰곰이 돌이켜보니, 답이 나왔다.

"열정이 없다."

5개국어를 배우기로 결심한 동기는, 10년 전 내가 영어 공부를 시작했을 때의 동기와는 사뭇 달랐다. 제2외국어 를 배우려는 것은 밖에서부터 온 외적 동기로 인한 것이 었다.

외적 동기는 나의 밖에 있는 동기이고, 내적 동기는 내 안에서부터 발생되는 동기이다. 보통 외적 동기보다는 내 적 동기가 훨씬 더 큰 힘을 발휘한다.

예를 들어 일본 드라마가 너무 재미있어서 하루에 열 시간씩 보고, 일본 연예인들의 팬미팅을 가기 위해 용돈 을 모아 일본으로 날아갈 정도의 열의가 있는 학생이 있다 고 해보자. 이 학생은 일본어를 정말 쉽게 배울 것이다. 왜 냐하면 자신의 마음속에서부터 이 언어에 대한 사랑이 넘 치고, 드라마를 보면서 자신이 공부했던 표현이 하나라도 나오면 너무나 신기하고 기분 좋은 경험을 하기 때문이다.

반면, "중국어는 세계 2위 경제대국의 언어이니까 배워두는 게 좋대"라는 식의, 주변에서 하는 말 때문에 마지못해 시작하는 언어공부는 잘 될 리가 없다. 사람은 기본적으로 뚜렷한 목표와 더불어 자율성이 주어져야만 그 일을 제대로 수행할 수 있다. 내 안에서 나온 동기가 아닌 밖에서부터 주입된 동기라면, 오래 지속하기란 힘들다. 저항이 너무 세기 때문이다.

그렇기 때문에 타성에 젖어 하고 있던 영어공부를 잠시 옆에 미뤄두고, 먼저 내가 왜 이 공부를 하고 있는가, 나는 이것을 얼마나 원하는가, 나는 어떤 것을 꿈꾸고 있는가에 대해 진지하게 생각해야만 한다. 내적 동기를 스스로 이끌어내야 한다.

나의 영어학습 목표
설정하기

   여러분은 이제 '영어 해방'이라는 목적지로 가기 위한 지도를 제작하려고 한다. 현재 자신이 어디에서 출발하는지, 현재 갖고 있는 능력은 무엇인지, 어디로 갈 것인지를 그려놓는다면, 앞으로 모든 항해의 여정에서 도움을 받을 것이다.

   그 과정을 요약하면 다음과 같다.

과거 이야기: 나의 아픔을 털어놓기(10분)

현재 이야기: 내가 어디에 있는지 확인하기(10분)

미래 이야기: 나의 목적지를 생생하게 그리기(10분)

과거 이야기(10분)

과거에 대한 이야기를 써보라. 오직 영어에 대해서만 말이다. 영어를 언제 처음 시작했는지, 영어 때문에 얼마나 힘들었는지, 칭찬을 받은 기억이 있는지 등등. 혹은 영어를 사용해야 했을 때 긴장했는지, 아니면 자신감이 넘쳤는지. 이 과정을 통해 내가 영어 대해 어떤 두려움을 갖고 있었고 그동안의 공부방식에 어떤 문제가 있었는지 돌이켜볼 수 있다.

예시: 영어를 처음 접한 건 초등학교 때 학원에서였다. 중학교 때는 영어 과외를 했고 고등학교 때는 학교 수업만 들었다. 성인이 되고 나서 해외로 여행을 다니면서 영어실력의 부족함을 느꼈다. 지금까지의 학습이 실전에서 별로 도움이 안 된다는 생각이 들었다. 불편한 상황이 와도 영어가 잘 안 되니까 해결이 안 되었다. 이런 부분을 보완하고 원어민들과 대화도 잘 하고 싶어서 영어를 다시 시작하게 되었다.

현재 이야기(10분)

현재 자신의 영어 수준을 측정하는 것이다. 시중에 나와 있는 전화영어 테스트로 해도 좋고, 자기소개나 공항 영어 등 일상에서 흔히 쓰는 영어를 얼마나 알고 있는지 스스로 측정해봐도 좋다. 가방도 없이 혈혈단신으로 미국 한복판에 떨어진다면, 맨손으로 호주 워킹홀리데이를 간다면 마주할지 모를 이러저러한 상황에 얼마나 대처할 수 있는지를 본다.

만약 측정이 어렵다면 그냥 이야기해보는 것도 괜찮다. 영어를 어느 정도 구사할 수 있다고 생각되며, 어떤 부분에서 한계를 느끼는지 말이다. 이런 식으로 자신의 수준과 상태를 진단하고, 위치를 파악한다. 바로 여기가 출발점이 되는 것이다.

예시: [레벨테스트] 다음을 영어로 번역하시오.

- **아빠는 주 2회 운동하십니다.**
- **해는 동쪽에서 뜹니다.**
- **나는 어제 헬스를 하지 않았습니다.**

- 존은 어제 어디에 갔었니?
- 오늘 밤에 뭐해?
- 당신이 춥다면 내가 문을 닫을게요.
- 내 손 안에 있는 핸드폰은 테이블 위에 있는 핸드폰보다 비싸다.
- 우리 학교는 1907년에 창립되었다.
- 내가 싫어하는 음식은 국수야.
- 나는 10년째 영어를 가르치고 있다.

미래 이야기(10분)

  자신이 원하는 미래의 모습을 그리는 것이다. 내가 공부하는 이유, 내가 이 항해에 나선 이유를 잊지 않기 위함이고, 또한 나의 한계를 부수고 내가 간절히 원하는 바를 실행해나가기 위함이다.

  예시: [영어공부를 통해 이루고 싶은 것들]
   - 영화를 자막 없이 보는 것.

- 원어민이 말을 빨리 해도 잘 알아듣는 것.
- 외국에서 불편사항이 생겼을 때
- 컴플레인을 걸 수 있는 것.

최종정리. '영어'라는 주제로 나의 과거와 현재, 미래의 이야기를 쓰고 나면 다음과 같은 효과를 볼 수 있다.

- 과거를 돌아봄으로써 현재 내가 영어에 대해 두려움을 갖게 된 계기, 과거의 트라우마 등을 직면할 수 있다.
- 현재 수준을 정확히 파악하여 어떤 부분을 집중적으로 보완해야 할지 알고 의식적인 연습을 할 수 있는 출발점을 제공받는다.
- 나의 목표를 종이에 적어봄으로써 목적의식을 가지고 흔들림 없이 공부할 수 있게 된다.

생생하게 꿈꾸면
이루어진다

나는 고등학교를 졸업하고 대학 입학을 앞두던 시절에 다음과 같은 목표를 포스트잇에 적어 내 방 벽에 붙여놓았다.

1) 성적장학금 받아보기.

2) 영어대회에서 입상해보기.

3) 토익 900점 이상 획득하기.

4) 미국 교환학생에 합격하기.

5) 과외로 돈 벌어보기.

그리고 불과 2년 만에 다음과 같은 성과를 얻었다.

1) 전액장학금 2회 수혜(1-2학기, 2-1학기)
2) 영어대회 5회 입상(영어 토론, 영어 에세이, 영어 스피치 등)
3) 학원 없이 토익 965점(RC 470 / LC 495) 및 오픽 만점(AL 등급)
4) 미국 교환학생 합격(오클라호마주립대학교, 1학기, 장학금 7천 달러)
5) 중학생 영어과외, 초등학생 화상영어 과외 등 과외 선생으로 활동

사실 목표를 써놓은 뒤에는 딱히 크게 생각하지 않았었는데 지나고 보니 모두 이루어져 있었다. 목표를 이루고 싶다는 간절한 마음과, 제2의 두뇌라고 불리는 손으로 직접 목표를 써내려갔던 것이, 목표를 가진 적도 없고 적어보지도 않은 사람에 비해 열 배가 넘는 실현 가능성을 가져다주었던 것 같다.

미국 예일대학교 졸업생을 대상으로 실시한 연구에서,

학생시절 꿈을 가지고 상상 속으로 그려보며 노트에 기록까지 한 사람들은 전체 중 3퍼센트에 불과했다. 그리고 20년 후 재조사를 했더니 그 3퍼센트의 재산이 나머지 97퍼센트의 재산을 합친 양보다 더 많았다. 금전적인 측면에서뿐만 아니라 3퍼센트의 사람들은 삶의 만족도와 행복도도 훨씬 더 높았다.

목표를 종이에 쓰게 되면, 하루가 우리를 이리저리 끌고 다니는 것이 아니라, 우리가 하루를 통제하고 내 것으로 만들 수 있게 된다. '어쩌다 보니 이런 일이 생겼더라'가 아니라, '10년 전 일기장에 적어놓았던 제 꿈이 이루어졌어요'라고 말할 수 있다면 얼마나 좋을까? 영어 속담에 이런 말이 있다.

"Without a goal, you can't score."

축구장에 골대가 없으면, 아무도 득점할 수 없다. 목적지가 없는 배는 표류할 가능성이 크다. 당신이 앞으로 쓰게 될 목표는 영어공부라는 망망대해에 떠 있는 당신의 배를 인도할 목적지가 되어줄 것이다.

완벽한
영어공부법

영어를 완성하는
여덟 가지 재료

영어를 요리에 비유한다면, 그 요리에 들어갈 재료는 어떤 것들이 있을까? 나는 그것을 여덟 가지로 정리해보았다. 보통 영어를 배울 때 우리는 영어를 네 가지 영역으로 나누어 생각한다. 말하기, 듣기, 읽기, 쓰기. 하지만 이렇게 네 가지로만 언어를 완성하려고 하면 중간에 빠지는 과정들이 많이 생긴다. 그래서 몇 가지를 추가해봤다.

최고의 롤 모델로부터 배우다

어떤 것을 배우고 싶다면 제일 먼저 할 일은 그것을 가장 잘하고 있는 사람들에게 가는 것이다. 내가 수학을 배웠을 때도 우선 우리 반에서 수학을 제일 잘하는 친구를 찾아가서 힌트를 구했고, 영어를 잘하고 싶었을 때도 영어의 달인이었던 나의 짝사랑 민하를 찾아가서 조언을 구했다. 이처럼 영어공부를 시작하기 전에 우리에게 모범이 되어줄 수 있는 모델을 찾아나서는 일은 아주 큰 도움이 된다.

앞에서도 여러 번 말했지만, 우리의 롤 모델은 바로 어린아이이다. 어린아이가 어른들에 비해 나은 점을 두 가지 꼽는다면, 첫째 무한한 호기심, 둘째 천진난만함이다. 무한한 호기심은 엄청난 적극성과 새로운 지식에 대한 개방성, 무한한 지식의 확장성을 의미한다. 천진난만함은 사회적으로 눈치를 보지 않고, 실패를 하더라도 뒷걸음질 치지 않는 능력이라고 말할 수 있다.

지금부터 설명할 영어의 여덟 가지 단계는 어린아이의 언어학습 과정에서 따왔다. 이 과정을 밟으면서 반드시 기억해야 할 것은, 우리는 모두 어린아이처럼 되어야 한다는 것이다.

첫 번째 단계:
리스닝

아이는 태어나 보니 너무 눈부셨고, 사람들이 뭐라 뭐라 시끄럽게 말하는 것을 들었다. 하지만 그것이 어떤 말인지는 알지 못했다.

그리고 엄마 아빠 품에 안겨서, 아기 침대에 누워서 모유를 먹고, 트림하고, 똥 싸고, 자는 것을 몇 달 동안 반복했다. 그 과정에서도 엄마 아빠가 하는 이야기를 들었다.

태초에 리스닝이 있었다. 아이는 리스닝의 반복을 통해서, 소음과도 같던 음성에 반복되는 패턴이 존재함을 발견하고, 특정한 상황(밥 먹기 전)에는 특정한 말("밥 먹자. 우리 애기")이 나오며, 자기에게 밥을 공급하는 사람은 주로 '엄마'라는 것을 어렴풋이 알기 시작한다. 그리고 태어난 지 얼마 지나지 않아 옹알이를 시작하고, 나중에는 '엄마, 맘마' 같은 소리도 만들 수 있게 된다. 이 모든 언어의 시작에는 듣기가 있었다.

이러한 듣기를 한국에 있는 영어학습자들은 충분히 하지 못하고 있다. 2000년대에 들어서면서부터 듣기와 발음의 중요성이 대두되기 시작하면서 청취강의가 활발하게 열리고 미드공부법 등이 유행하기 시작했지만, 여전히 한국 사람들 중에 영어가 눈에 띄게 성장한 경우를 찾기란 쉽지 않다.

대한민국 영어학습자들이 듣기 영역에서 부족한 것은 크게 두 가지이다.

첫째, 절대시간의 부족
둘째, 반복 청취의 부족

학자들에 따르면 어떤 언어가 자신의 두뇌에 모국어로
자리 잡기까지는 최소 3천여 시간의 듣기가 필요하다고
한다. 하지만 현재 한국인 영어학습자들에게는 영어 듣기
시간이 터무니없이 부족하다. 절대시간이 부족한 것이다.

  자, 여기에 영어학습자가 한 명 있다. 독학으로 영어공
부 중인 서른 살 직장인이다. 이 사람은 일주일에 세 번씩
신촌에 있는 학원에서 한국인 강사로부터 영작 수업을 듣
는다. 영어 듣기는 주로 매일 아침 출근 전에 아침식사와
함께 듣는 EBS 라디오 정도이다. 하루에 10분씩 꾸준히
청취를 하며, 언젠가는 영어가 나아지겠지 하는 믿음을 갖
고 있다. 이 사람이 주 6일씩 이렇게 꾸준히 영어를 듣는다
면, 과연 몇 살쯤 되었을 때 3천 시간을 다 채우게 될까?

- **하루 10분 x 6일 = 주 60분(1시간)**
- **1시간 x 50주(대략 1년) = 50시간**
- **3천 시간 ÷ 50시간 = 60년**
- **30살 + 60살 = 90살**

정답은 90살이다.

여러분의 나이에도 60년을 더해보라. 이 직장인은 그래도 양반이다. 하루에 10분씩 무언가에 평생 투자한다는 것은 결코 쉬운 일이 아니기 때문이다. 하지만 여전히 한국인의 리스닝 절대시간은 많이 부족하다.

반면 교포나 유학생들은 얼마나 영어를 들을까? 하루 동안 모국어 환경에 노출된 사람이 언어 듣기에 노출되는 시간은 약 여섯 시간이라고 한다. 앞의 직장인에 비해 약 36배가 더 많은 시간이다. 이를 위의 공식에 적용하면, 불과 1년 8개월이라는 답이 나온다.

이것은 어릴 적 외국에 유학을 2년 정도 다녀와 한국학교에 전학 온 친구가 영어시간에 우수한 발음으로 교과서를 읽어내는 이유이다. 3천 시간 이상의 충분한 시간 동안 영어가 인풋input이 되었기 때문에 머릿속에 영어의 체계나 패턴들이 잡혀 있는 것이다.

서당개 3년이면 풍월을 읊는다는 말이 있듯, 클래식 피아노를 매일 쉬지 않고 여섯 시간씩 2년을 들은 사람이 그렇지 않은 사람보다 피아노를 더 빨리 배우듯, 영어를 계속 듣는 것은 우리의 전반적인 공부, 특히 말하기에 크나큰 도움이 된다.

그리고 듣기를 할 때엔 같은 내용을 반복 청취하는 것이 좋다. 어린아이들이 처음부터 다양한 환경에 노출되는 것이 아니듯 말이다. 아이들은 보통 아가방에서 시작해서, 거실로 진출하고, 밥상머리에서 교육을 받는 것이 무한 반복되면서, 삶에 꼭 필요한 의식주를 배운다. 이처럼 비슷한 내용을 반복해서 청취해야 초보자인 우리의 머릿속에 언어를 입력시킬 수 있다.

자, 그러면 내가 생각하는 올바른 영어 듣기 방법에 대해 알아보겠다.

1. 콘텐츠 선정하기

콘텐츠 선정은 매우 중요한 작업이다. 여기서 고려해야 할 사항은, 이 콘텐츠가 나의 부모님이 된다는 생각을 가져야 한다는 것이다. 계속해서 부모님의 말을 들은 아이는, 부모님의 말투를 따라하게 되어 있다. 이것은 비단 모국어 환경에 있는 어린아이에 국한된 것이 아니다. 한국에서 활동하고 있는 미국인 방송인 로버트 할리를 보자. 이 사람은 경상도 사투리를 하기로 유명하다. 어떻게 된 일일까? 그의 한국어 선생님이 경상도 사람이었기 때문이다.

그렇기 때문에 내가 동경하고 따라 하고 싶은 말투를 가진 배우가 등장하는 영화, 혹은 애니메이션을 콘텐츠로 선정하는 것을 추천한다. 만약 내가 20대 여대생인데, 우락부락한 미국 백인 형 흑인 형들만 나오는 〈프리즌 브레이크〉를 본다면, 마초 수감자들의 슬랭을 배우게 될 것이다. 이것은 마치 미국 여대생이 한국의 조폭 영화 〈두사부일체〉나 〈신세계〉를 보고 한국어를 공부하는 것과 비슷하다.

나는 보통 여성 직장인분들에게는 〈악마는 프라다를 입는다〉를 추천하고, 남자분들에게는 〈제리 맥과이어〉를 추천한다. 각 영화의 주인공으로 나오는 앤 해서웨이와 톰 크루즈가 아주 좋은 발음을 구사하고, 영화가 현대 시대상을 잘 표현하고 있기 때문이다. 이 영화가 너무 어렵게 느껴지는 사람들이라면 디즈니나 픽사의 애니메이션을 보는 것도 좋다.

최근에 감명 깊게 본 애니메이션 중에 〈코코〉가 있는데, 이 영화를 가지고 영어공부를 한다는 사람들이 주변에 좀 있었다. 하지만 이 영화는 멕시코, 남미의 문화를 다룬 영화라, 현장감을 살리기 위해 남미 악센트를 사용했다. 이것은 마치 연변 사람들의 말투로 한국어를 배우려고 하는 것과 비슷하다.

그렇기 때문에 콘텐츠를 고를 때는 다음과 같은 사항을 고려하는 것이 좋다.

첫째, 내가 닮고 싶은 말투를 가진 배우가 출연하는 영화를 고르기.

둘째, 현대 시대상을 반영한 영화를 고르기.

셋째, 미국에서 표준적으로 쓰이는 악센트가 나오는지 확인하기.

넷째, 내 수준에 맞는 어휘가 사용되는지 확인하기.

이렇게 선정한 콘텐츠는 내가 열심히 듣게 될 '듣기의
재료'가 된다.

2. 공부방법

듣기_ 콘텐츠를 선정한 다음에는 우선 들어보자. 처음
엔 한국어 자막으로 보는 것이 좋다. 평소 영화를 보듯이
한 편을 쭉 보면서 영화 속 모든 상황을 이해해둔다. 등장
인물 간의 관계, 현재의 갈등과 과제가 어떻게 극복되는
지에 대한 것들이다.

그다음에는 영어 자막으로 한 번 보고, 그다음에는 무
자막으로 보는 것을 추천한다. 영화 음성을 mp3 파일로
변환해두면, 평소 음악을 듣듯이 하루에 적어도 두 시간
정도는 수월하게 들을 수 있다. 모니터를 보지 않아도 되
기 때문에 청소하거나 운전할 때도 들을 수 있다는 장점
이 있다.

부모님이 아기인 나에게 늘상 말을 거는 것처럼 영화를
틀어놓아야 한다.

대본 공부하기_ 약 열 번 정도를 반복해서 듣고 나면, 어디서 어떤 내용의 대사가 나오는지 대충 알게 될 것이다. 그리고 등장인물이 언제 화를 내고, 언제 화해하는지 등도 알게 될 것이다. 그렇다면 이제 대본을 공부해볼 차례이다.

구글에 검색하면 웬만한 영화의 대본을 쉽게 다운받을 수 있다. 검색하는 방법은 다음과 같다.

구글 검색창에
〈movie + The Devil Wears Prada + Transcript〉
라고 친다. → 대본을 다운받아서 워드프로세서 등에
저장한다. → 인쇄해서 사용한다.

내가 갖고 있는 〈악마는 프라다를 입는다〉 대본은 A4 용지로 49장에 이른다. 두 시간짜리 영화가 이 정도 분량밖에 되지 않는다니, 왠지 기분이 좋았다. 처음부터 대본을 통째로 공부할 필요는 없다. 그냥 하루에 한 장, 기분 좋으면 두 장 정도씩 공부해도 충분하다.

처음에는 수능 지문을 풀듯 눈으로 읽어본다. 이미 몇

번 들었던 내용이라 눈으로 읽을 때 조금 더 편하게 읽힐 것이다. 모르는 단어가 나오면 찾아보고, 알고 있던 단어라면 한국어와 비교해본다.

그리고 내가 잘못 알고 있거나 몰랐던 영어발음이 있다면 찾아본 후 인터넷에서 재생해본다. 예를 들어 'recently'라는 단어를 '리쎈틀리'라고 알고 있는 사람들이 많다. 하지만 발음을 재생해보면 '리쓴리'에 가깝다.

공부가 끝나고 나면, 다시 원본파일을 틀어보면서 대본을 눈으로 따라 읽어 내려간다.

3. 추가 콘텐츠

한 콘텐츠를 반복해서 들으랬다고 해서, 정말 3년 내내 한 영화만 듣는다면 정말 지루할 것이다. 그래서 나는 다음과 같이 하라고 권하고 싶다.

핵심은 하루에 한 시간을 듣든, 두 시간을 듣든 콘텐츠 간 우선순위의 비중을 나누는 것이다. 매일 똑같은 것만 듣다 보면 지친다. 하지만 그렇다고 충분히 반복하지 않

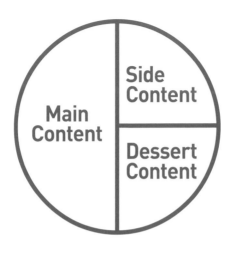

으면 깊이 있게 배울 수 없다. 그래서 지루하지 않으면서 깊이 있게 공부할 수 있게 고안해낸 방법이 메인, 사이드, 디저트 콘텐츠로 리스닝을 공부하는 것이다.

이 파이의 비율대로 시간을 쪼개서 연습하는 것을 추천한다. 총 리스닝 시간이 두 시간이라면 메인에는 한 시간을 투자하고, 나머지 두 개의 콘텐츠에는 30분씩을 투자하는 것이다.

메인 콘텐츠

- 〈악마는 프라다를 입는다〉 등 '부모님 역할'을 하는 핵심 콘텐츠
- 100번 이상 반복해서 들을 콘텐츠.
- 전체 리스닝 시간의 50퍼센트를 차지한다.
- 가장 먼저 이해도 100퍼센트에 도달하게 될 콘텐츠가 바로 이 메인 콘텐츠이다.
- 여기에 나오는 등장인물의 말투가 곧 나의 말투가 될 가능성이 크다.

사이드 콘텐츠

- 그 밖에 네 번 정도만 들으면서 나갈 수 있는 콘텐츠(한글자막 → 영어자막 → 무자막 → 무자막)
- 〈프렌즈〉처럼 주로 진도를 나갈 수 있는 미드를 추천한다.
- 이해도와 다양성을 모두 잡을 수 있는 콘텐츠.
- 전체 리스닝 시간의 25퍼센트를 차지한다.

디저트 콘텐츠

- 한 번만 들어도 되는 콘텐츠, 재미있게 둘러보며 나의 리스닝 실력을 평가할 수 있는 콘텐츠.
- 가장 현실적인 콘텐츠이다. 왜냐하면 실전에서는 상대방이 반복해서 말하는 경우가 적기 때문이다.
- 전체 리스닝 시간의 25퍼센트를 차지한다.
- 최종 목표는 디저트 콘텐츠의 이해도를 100퍼센트에 가깝게 끌어올리는 것.

두 번째 단계:

표현하기

아기들은 '따라 하기', '말하기' 전에 '표현하기'부터 시작한다. 비록 말의 형태가 아니더라도 본능적으로 표현하는 것이다. 갓난아기의 경우 표현 방법은 '울음'이다. 기저귀에 실례를 했다면, "나 불편해요"라는 표현을 하기 위해 우렁차게 운다. 배가 고파도 운다. 이런 식으로 엄마에게 나의 말을 전한다. 때로는 껍데기만 있고 알맹이는 없는 우리의 죽은 영어보다, 어린아이의 우렁찬 울음소리가 더 효과 있는 언어일 때가 많다.

이것을 청소년, 성인 학습자인 우리가 적용하기 위해서는 감정에 대해 이해해야 한다. 왜 이 말을 하는지, 이 말을 함으로써 얻는 효과가 무엇일지를 생각하면서 말하는 연습이 필요하다. 문장 하나를 배워도 표현력을 생각하며 연습해야 한다.

앞서 언급했던 'How are you?' 말하기와 같은 것이다. 이와 같이 여러 가지 감정을 어떻게 표현하고 담을 것인지 연구하고, 실제로 영어를 말할 때 그런 것들이 잘 담길수 있게 노력해야 한다.

내가 아기인데, 우유가 먹고 싶다. 어떻게 할 것인가? 가장 기초적인 단계로 울음을 터뜨릴 것이다. 조금 더 시간이 지나게 되면, "milk! milk!"라고 말할 수 있게 될 것이고, 1년여가 더 지나고 나면 "I want milk!"라고 말하게 될 것이고, 조금만 더 지나게 되면 "Can I get a cup of milk, please?" 하고 좀 더 정중하게 말할 수 있게 될 것이다.

들었다면, 이제 표현하라. 완벽함과는 아주 거리가 먼, 가장 본능적인 방법으로 표현해보라. 그리고 거기서부터 발전시켜나가면 된다.

리스닝을 하면서 표현하기를 함께 적용시키게 될 것이

다. 대본을 보며 학습을 하고 점점 표현을 배울수록, 그냥 무미건조하게 읽어 내려가는 앵무새 단계를 벗어나야 한다. 왜 등장인물이 그 장면에서는 그렇게 화를 낼 수밖에 없었는지에 대해 고민해보고, 극중 그 인물의 목적은 무엇일지를 생각해보며 마치 내가 주인공이 된 것처럼 말할 수 있어야 한다.

다음은 〈악마는 프라다를 입는다〉 속 대사이다.

Andy: Hi. Uh, I have an appointment with Emily Charlton?

Emily: Andrea Sachs?

Andy: Yes.

Emily: Great. Human Resources certainly has an odd sense of humor. Follow me.

언론학을 졸업한 앤디 앤드리아 색스는, 잡지사나 언론사의 일자리를 구하기 위해 계속 노력했지만, 결국 패션 잡지인 〈런웨이Runway〉의 비서직에 지원하게 된다. 그녀

는 패션감각이 뛰어나지 않은 모범생 출신이고, 〈런웨이〉
는 세계 패션유행을 선도하는 최고의 패션잡지이다.

앞의 내용을 해석하면 다음과 같다.

**앤디: 안녕하세요. 음, 저는 에밀리 찰튼 씨와 약속이
      있는데요.**

에밀리: 앤드리아 색스?

앤디: 네.

**에밀리: (훑어보며) 대~단해. 인사과가 정말 이상한
      유머감각이 있어. 따라오세요.**

여기서 'Great(대단해)'라는 말은 긍정적으로 쓰였을까,
아니면 부정적으로 쓰였을까? 영화를 본 사람이라면 이
것이 부정적으로 쓰였다는 것을 알 수 있다.

우리는 반어법에 대해 알고 있다. 아들이 엄마가 아끼
던 화분을 깼을 때 엄마는 버럭 소리를 지르는 대신 이렇
게 말한다.

"잘~ 하는 짓이다."

어린아이들이라면 이 말을 듣고 '아, 내가 잘했구나'라고 생각할지 모르지만, 초등학교 이상만 돼도 정말 잘했다는 게 아니라 분노의 표현이라는 걸 안다.

표현하기 단계에서는, 어떤 감정으로 말이 발화되는지를 알고, 또한 내가 어떤 감정으로 말을 할 것인가를 학습한다. 대본을 보면서 감정의 선을 읽고, 따라 할 때에도 감정을 위주로 따라 한다. 표현법을 이해하고 난 다음에 발음으로 넘어가는 것이 그 반대의 경우보다 낫다.

세 번째 단계:

따라 하기

아이들의 습득력은 무섭다. 이 습득력에서 언어학습의 비밀을 찾을 수 있다. 부부들 중에 남편을 '오빠'라고 부르는 커플이 꽤 있다. 그 사이에서 태어난 아기들 중에는 아빠를 아빠라고 부르지 않고 '오빠'라고 부르는 경우가 가끔 있다.

왜냐하면 엄마가 저 남자를 부를 때 계속 '오빠'라고 불렀기 때문에, 나도 그렇게 불러야겠다고 생각하기 때문이다.

"어서 출동해!"

"그래, 알겠어. 기다려. 내가 구출해줄게!"

만약에 네 살짜리가 이런 말을 했다면 아이는 이 말을 어디서 배웠을까? 엄마 아빠와 함께 생활하는 공간에서 출동, 혹은 구출이라는 말을 쓸 일은 거의 없다. 보통 집에서는 "밥 먹자", "방 치워라", "사랑해" 등의 이야기가 오간다. 하지만 우리는 왠지 답을 알 것 같다. 그건 바로 TV 만화영화 프로그램에서이다.

아이들은 비슷한 레퍼토리의 만화를 반복해서 본다. 특히 아이들이 좋아하는 것 중에는 자동차 로봇들이 화재현장에서 아이들을 구출하는 등의 영웅 만화들이 있다. 아이들은 이 만화들을 통해 특정 단어들을 알게 되는 것이다.

"난 절대 포기하지 않아!"
"어서 힘을 내, 카봇!"
"와, 우리가 이겼다!"

아이들은 누가 시키지도 않았는데 만화 주제가와 대사를 모두 외우고 따라 한다.

영어학습에서도 '따라 하기'가 반드시 실행되어야 한

다. 내가 듣고 있는 것들 중 더 많이 듣게 되는 것, 관심이 더 많이 가는 것 위주로 따라 하는 과정을 거쳐야 한다.

일반적인 영어학습자들은 영어청취 시간이 부족하기 때문에, 여러 번 따라 하는 것에 대해서는 생각도 하지 못할 때가 많다. 하지만 영어 듣기를 선행한 다음에는 반드시 자연스럽게 한 문장씩 따라 하면서 내 몸을 영어에 준비시켜야 한다.

이런 정의의 용사가 등장하는 만화영화에서는 표현력이 핵심이다. 나쁜 몬스터를 물리친 우리 주인공의 멋진 외침을 우리도 따라 하는 것이다. 아이들은 무턱대고 신나서 따라 하고, 또 멋지게 칼싸움을 하면서 "정의는 승리한다!"라고 말하지만, 아직 어린아이이기 때문에 발음이 귀엽다. "덩이는 뜬리한다!"라고 말할지도 모르겠다. 발음의 부족함은, 좋아하는 게 있다면 수백 번 반복하는 것이 특기인 아이들에게 문제가 아니다.

내가 좋아서 표현한 문장들, 발음들을 계속해서 따라 하고 원본과 대조해보고 고쳐나가는 것이 영어학습의 세 번째 스텝이다.

네 번째 단계:
질문하기

처음에는 들어야 할 콘텐츠, 따라 해야 할 콘텐츠가 그저 주어지는 것이었기 때문에 별 선택권이 없었지만, 어느 정도 말을 트게 되면 이제 아이들은 적극적으로 질문하기 시작한다. 아이들이 말을 떼고 나서 가장 먼저 하는 말 중에 하나는 이것이다.

"이거 뭐야?"

이 질문은 굉장히 중요하다. 지금까지는 주어진 대로, 떠먹여준 대로 먹는 수동적인 학습자였다면, 이 질문을 한 시점 이후부터는 주체적으로 지식을 찾아 습득할 수 있는 사람이 되었다는 뜻이기 때문이다.

한국 학생들의 특징 중 하나가 수업시간에 질문이 없는 것이라고 한다. 하지만 질문을 스스로 하는 것은, 지식을 밖에서부터 얻는 것이 아닌, 내 안에서부터 나온 호기심에 의해 얻게 되는 것이므로 어려워도 자꾸만 하려고 노력해야 한다.

지금 여러분은 '질문? 말이야 쉽지'라고 생각할지 모른다. 그런 분들을 위해 바로 써먹을 수 있는 질문을 몇 개 알려주겠다.

'awkward'의 뜻이 무엇인가요?

→ **What does 'awkward' mean?**

스펠링이 어떻게 되나요?

→ **How do you spell that?**

천천히 말해주시겠어요?

→ Could you speak little bit slowly?

여기서의 요점은 '질문하기' 그 자체라기보다는, 호기심을 가지고 영어공부에 임하는 것이다. 메인 콘텐츠 영화를 보면서 모든 질문에 밑줄을 치고, '내가 어떻게 하면 응용해볼 수 있을까' 하고 단어만 바꿔서 사용해보는 것도 좋겠다.

예시: You got a job at <u>a fashion magazine</u>?
　　 – 네가 <u>패션잡지</u>에 취직했다고?

　　→ You got a job at <u>Samsung</u>?
　　→ You got a job at <u>a Car magazine</u>?

Can you please spell <u>Gabbana</u>?
 – <u>가바나</u> 스펠링이 어떻게 되지요?

→ Can you please spell <u>Gucci</u>?
→ Can you please spell <u>Obama</u>?

So none of <u>the girls</u> here <u>eat anything</u>?

– 그러니까, 여기 있는 **여자들은** 아무것도 <u>안 먹나요?</u>

→ So none of <u>the students</u> here <u>take a rest</u>?

Why is it so impossible to <u>put together a decent run-through</u>?

– 왜 이렇게 <u>리허설을 제대로 하는 게</u> 어려운 거야?

→ Why is it impossible to <u>learn Chinese</u>?

다섯 번째 단계:
단어공부

단어는 정말 중요하다. 단어가 없으면 문장도 없고, 문장이 없으면 언어도 없다.

단어는 언어의 근간이 되는 최소 단위이다. 영어공부하는 사람 치고 단어공부의 중요성을 모르는 사람이 과연 있을까? 그래서 당신은 어떻게 단어공부를 하고 있었는가? 대학교 친구들의 경우를 예로 들어보면, 대략 이렇다.

우선 큰 서점에 들른다.

영어학습 코너로 간다.

베스트셀러 단어장이 있는지 찾아본다.

다섯 개 정도의 후보를 찾아본다.

네이버에서 평점을 본다.

구매한다.

집에 가져온다.

꽂아 놓는다.

다음 날 좀 훑어본다.

꽂아 논다.

다시는 안 본다.

만약 전국에 있는 헬스장에 등록한 수강회원 중 100퍼센트가 나온다고 한다면, 헬스장은 운영이 불가능할 것이다. 내가 다니고 있는 헬스장만 해도 회원수가 400명 정도 되는데, 최대 수용가능 인원은 약 30여 명 밖에 안 된다. 하지만 다행히(!) 실제로 꾸준히 다니는 회원수는 적다.

이처럼 국내에서 판매되는 단어장들도 계속 끊임없이 출판이 되고 베스트셀러가 계속 바뀌는 이유는, 지난 10년 동안 1천여 권의 단어장이 나와도, 사람들이 사기만 하고 습득을 못하기 때문이다.

단기용으로 외우는 사람들은 많다. 공무원시험이나 편입영어시험 등을 준비하는 사람들은 단어를 1만 단어 이상 외워야 한다고 한다. 하지만 최근에 만난 한 영어청취 수강생은 편입시험을 치면서 엄청나게 많은 단어를 외웠지만, 실제로 말하는 데는 전혀 도움이 되지 않았다고 고백했다.

다섯 살짜리 아이가 대법원, 공소시효, 맹장, 편도선 등의 단어를 외우면, 그 아이의 일상에 얼마나 도움이 될까? 별로 도움이 되지 않는다.

그동안의 단어가 쓸모없었던 이유

지금까지의 영단어 공부가 쓸모없었던 이유는 크게 두 가지로 볼 수 있다.

첫째, 우리와 관련 없는 단어를 너무 많이 배웠다.
둘째, 말이 아닌 글로 단어를 배웠다.

단어를 그토록 많이 접했건만, 정작 일상생활에서 영어를 쓰려고 하니까 많이 막힌다. 그리고 실제로 단어를 배워도 제대로 못 쓰는 것은 물론이고, 상대방이 말해도 못 알아듣는 경우가 태반이다. 왜냐하면 실제로 사용해보지 못했기 때문이다.

그렇다면 어떻게 영어단어를 공부하는 게 좋을까? 나는 다음과 같은 방법을 추천한다.

반경 10미터에서 단어공부를 시작하라.
스펠링보다 발음에 집중하라.

아이들은 어떻게 단어를 습득하는가? 아이들은 만 4세만 되어도 어른들의 말을 상당수 알아듣는다. 앞에서 이야기했던 35개월 된 꼬마아이와의 대화를 다시 한 번 다루어보겠다.

나: 새온아. 그 신발 정말 예쁘다. 누가 사줬어요?
새온이: 사준 거 아니거든요? 있던 거거든요?

나는 그때 언어를 가르치는 사람으로서 태어날 때부터 지켜봐온 새온이의 언어사용 능력의 성장에 감탄하지 않을 수 없었다. '사준 것The thing that someone bought me'과 '있던 것The one I already have', 즉 관계대명사에 대한 이해, 그리고 부정문의 사용법 등 얼마나 많은 언어적 표현을 해냈는가? 태어난 지 고작 2년 11개월밖에 안 된 아이가 말이다.

학원을 다닌 지 2년이 지난 게 아니라, 두 돌이 지나 이제 겨우 세 돌을 바라보는 아이가 이 정도로 언어를 구사하고 있었다. 아직 자기 이름도 제대로 쓸 줄 모르는 아이였다.

이렇게 아이들의 언어발달 능력은 무섭다. 개인적으로 언어는 생후 24개월부터 48개월까지 만 2년 동안 폭발적으로 발전한다고 생각한다. 그리고 그 폭발력은 하루 아침에 이루어지지는 않았을지는 몰라도 굉장히 효율적인 방법을 통해 이루어진다. 바로 아이의 주변에서 사용되는 단어를 마스터함으로써 말이다.

아기는 아직 자기 이름도 쓸 줄 모르는 때에 벌써 재잘 재잘 말을 하기 시작한다. 그렇기 때문에 문자적으로 단어를 저장한 것이 아니라 음성적으로 듣고, 그 단어와 매칭되는 사물을 직접 눈으로 보고, 입으로 따라 해서 단어나 문장을 습득하는 경우가 많다.

아이들의 언어공부는 아가방에서 시작된다. 방 안에 있는 조그마한 침대. 그곳이 생후 한 달 된 아이에게는 세상의 전부였을 것이다. 가끔씩 맘마 먹으러 나오는 것 빼고는 주로 침대에서 대부분의 일과를 보낸다. 그 안에서 종종 아빠 얼굴이 등장했다가, 엄마 얼굴이 등장하며, "까꿍. 우리 아기 잘 잤어?"라는 식의 이야기를 듣는다.

그리고 시간이 흘러 스스로 뒤집고, 또 기어 다닐 수 있게 되는 순간, 아기 침대를 벗어나 매트가 깔린 자신의 방을 누비기 시작한다. 그리고 손에 잡히는 대로 이것저것을 입에 집어넣기 시작한다. 호기심을 발현하는 것이다. 사물이 어떤 것인지 알기 위해, 일단 입에 넣어보는 것으로 호기심을 충족한다.

그러다가 옹알이를 하게 되고, 표현을 하게 되고, 엄마아빠 말을 이것저것 따라 하게 되고, 결국 말문이 터진다.

"이거 무야(뭐야)?"

그러면 엄마는 깜짝 놀라면서도 너무 예쁘다는 듯 이야기해준다.

"이건 사과야. 사과."
"따가(사과)?"

1년 8개월 된 새온이의 남동생 슬온이는 아직 두 돌도 안 된 아기임에도 불구하고 몇 가지 단어를 알고 있었다. 일단 할아버지, 할머니, 엄마, 아빠를 구분할 줄 안다. '하뿌, 함무, 음롸, 압빠' 이런 식으로 따라 한다.

최근에는 이 집 아이들에게 잘 자라고 영상 메시지를 보낸 적이 있는데, 아기 엄마인 집사님이 아이들 세 명을 불러놓고 시찬이 삼촌한테 인사를 하라고 했다. 벌써 다섯 돌이 지난 첫째 휘온이는 "삼촌~. 삼촌도 잘 자요. 교회에서 만나요. 사랑해요. 하트"라고 말했다. 35개월 둘째 새온이는 "삼촌 샤당해요. 하튜"라고 했다(단어 수가 적다).

18개월 셋째 슬온이는 해맑게 웃고 있었고, 슬온이를 안은 엄마가 "삼촌한테 잘자~ 인사해. 잘자~"라고 하니까 손을 흔들며 이렇게 따라 했다. 활짝 웃으면서.

"닫따(잘자)!"

자신이 인사를 하고 있다는 사실을 잘 알고 있는 것처럼 보였다. 단어학습은 이처럼 아주 어릴 때부터 시작되며, 하루하루 점진적으로 그 양을 늘려간다. '엄마, 아빠'라는 단어로 시작했던 이 어휘력은, 매일 1퍼센트씩 복리 이자를 더하면서 엄청난 성장을 거듭한다. 원금이 한 개의 단어라고 했을 때 매일 1퍼센트의 복리이자를 받는다면 다음 날 1.01단어가 된다.

365일 동안 꾸준히 이자를 받게 되면 이는 1년 후 37.65단어로, 40배 가까이 늘어난다. 또 1년이 지나면 1천배가 넘게 늘어나게 된다. 그러니까 아이들은 첫 단어를 습득한 후부터 조금씩 아주 조금씩 성장을 거듭해 다음 해에는 37배로, 그다음 해에는 1천 배의 어휘를 갖게 되는 것이다.

아기는 아가방에서 단어공부를 시작해, 침대 밖으로 나와 이것저것 물건들을 빨아보면서 배우고 질문을 한다. 그리고 폭발적으로 자기 방에 있는 물건들을 학습하고, 거실로 나와 화분을 깨뜨리기도 하고, 부엌에 가서 설탕가루를 다 쏟아놓기도 하면서 단어를 배워간다.

이름 한 자 쓸 줄 모르지만, 경험을 통해 직접 만져보고, 맛보고, 물어보며 배운다. 그리고 절대 잊어버리지 않는다. 그렇게 36개월 만에 말을 할 수 있게 된다.

여러분을 위한 단어공부 방법

우선 종이를 준비해보라. 서점에서 단어책을 사지 말고 나만의 단어장을 만드는 것이다. 단어책을 구입해서 Day1, Day2 순서대로 외우는 것은 외부에서 주입된 형태이기 때문에 단기간에 많이 외울 수는 있어도 장기적으로 내 것이 되기는 어렵다. 자신에게 가장 필요한 단어부터

나만의 단어장

수정테이프	correction tape
소화기	fire extinguisher
비염	rhinitis
재채기	sneeze
알레르기	allergy
자동문	automatic door

배울 것이다.

　'나만의 단어장'이라고 이름 짓고, 오늘 하루 동안 일상 생활을 하다가 "아, 이건 영어로 뭔지 모르고 살았네" 하는 것이 있으면 적어 넣는 것이다. 예를 들어 필통 안에도 우리가 모르는 단어들이 많이 있다. 수정테이프를 우리는 화이트라고 알고 있는데, 이것은 콩글리시이고, 정확한 단어는 correction tape, 혹은 white-out이라고 부른다.

소화기|fire extinguisher 또한 알아두면 좋은 단어이다. 비상상황에서 찾아야 할지 모르니까. 나는 비염rhinitis에 자주 걸리는 편이라 비염이 영어로 무엇인지 찾아보았다. 스펠링만으로는 그 발음을 유추하기 힘들어서 발음기호를 찾아보고 여러 번 재생해보았다. 발음을 한국어로 표현하자면 '라이나이티스' 정도가 된다. '리니티스'로 잘못 알고 있다가 못 알아듣거나, 잘못 발음하는 일은 없을 것 같다.

이렇게 하루 열 단어에서 스무 단어 정도만, 자주 마주치고 자주 써온 한국어 단어들이지만 정작 영어로는 어떻게 하는지 몰랐던 게 있다면 적는 것이다.

내가 자주 가는 장소에서 쓰이는 단어들을 찾아보는 것도 좋다. 이태원에서 생선가게를 열었다면, 외국인 손님들을 위해 내가 파는 고기들이 영어로 무엇인지 아는 것이 우선순위가 될 것이다. 스펠링도 중요하겠지만, 더욱 중요한 것은 어떻게 발음하느냐는 것이다. 그래야 소통이 되기 때문이다.

이렇게 내 주위 10미터, 그리고 내가 자주 가는 동선 주변에서 우선순위 영단어를 골라 스펠링을 쓴 다음, 발음도 제대로 익힌다면, 나의 영어단어 수준은 날로 향상될 것이다. 예문을 만들어 적극적으로 쓸 수 있다면 금상첨화다.

여섯 번째 단계:

읽기

읽기는 만 2세, 3세가 되면서부터 시작한다. 보통은 스스로 읽기 전에 부모님이 읽어주시는 것으로 첫 읽기가 시작되지만, 나중에는 스스로 읽게 된다. 콘텐츠는 주로 아주 쉬운 단어들로 구성된, 페이지당 단어 수가 열 개 미만인 책이다.

"나비가 날아다녀요."
"와아. 예쁘다."
"하늘에서 눈이 내려요."
"덩실 덩실 춤을 췄어요."

"와, 하얀 눈이 내려온다!"

"영희는 기분이 좋았어요."

엄마가 읽어주는 '눈이 온다' 혹은 '춤을 춘다'는 식의 단순한 문장을 듣고, 또 문장의 이해를 돕는 아주 쉬운 그림들을 보면서, 아이의 언어능력은 성장한다. 단어나 문장을 다 몰라도 조금씩 유추해가면서 말이다. 처음부터 과학, 사회, 정치 등등 어려운 책으로 시작했다면 아마 아이들은 정상적인 사고와 성장을 하지 못했을 것이다.

우리의 영어 읽기에도 올바른 수준을 적용할 필요가 있다. 아주 쉬운 것부터 해도 된다. 그림책부터 시작해도 된다. 아예 3세, 4세 아동의 책부터 시작해서, 관련 책을 열 권 정도 읽은 뒤 이제는 이해하는 데 전혀 무리가 없다고 생각이 들면 다음 단계로 넘어간다.

무작정 '세계명작 원서' 등을 가지고 오지 말자. 세계명작을 읽으면 영어실력이 향상된다는 건 남이 준 정보일 뿐이고, 무엇보다 그건 내가 원해서 선택한 콘텐츠가 아니기 때문이다. 스스로 서점에 가서, 이왕이면 중고서점에 가서 유아용 영어책부터 접근해보자. 당신이 만약 중급자라면 초등학생, 혹은 중학생 수준의 책을 고르는 것도 좋다.

읽기의 장점은, 우리가 어렴풋이 알고 있다고 생각했던 문장들을 올바른 방법으로 종이 위에 인쇄해 보여줌으로써 지식에 확신을 더해주는 데에 있다.

계속 읽다 보면, 올바른 문법이 무엇인지 알게 되고, 다양한 단어들도 이해할 수 있게 될 것이다.

말하기

말하기는 앞선 모든 것들이 조화를 이루고 난 결과물이다. 말하기와 쓰기는, 인풋과 아웃풋 중 아웃풋으로 분류되는데, 언어를 구사하는 데에 있어 아주 중요한 부분을 차지한다. 축구로 치면 슛과 같다.

말하기는 따라 하기와는 다르다. 따라 하기는 기본적으로 원본이 있고, 그것을 카피하는 형태이기 때문에 우리의 생각과 주장이 없다. 열심히 듣고 열심히 따라 했다면, 이제는 창조를 해내야 할 때다. 나만의 말이 입속에서 나오는 것을 연습해야 한다.

말하기를 연습하는 가장 좋은 방법은 특정 주제를 가

지고 말해보는 것이다. 우선은 내가 어떤 사람인지, 자기소개부터 해본다. 그다음엔 자신의 관심사를 소개해본다.

그리고 외국인 친구를 사귀거나, 언어교환 카페에 가보는 것도 좋다. 말을 할 수밖에 없는 상황을 만든 다음, 내가 특정 상황에서 어떻게 대처하는지를 영어로 테스트해본다. 그다음에 집에 와서, 오늘 무엇이 알아듣기 힘들었는지, 무엇이 말하기 힘들었는지 등을 스스로 점검해본다.

스키를 배웠는데 타지 않으면 무슨 소용이 있겠는가? 계속 타보고, 계속 넘어지고, 계속 가르침을 얻는 수밖에 없다.

여덟 번째 단계:
쓰기

쓰기 또한 언어에서 중요한 요소이지만, 인기가 많은 방법은 아니다. 그리고 언어의 유창성을 얻기 위한 방법 중에서 딱 하나를 생략한다고 한다면 이것을 생략할 수 있을 거라고 생각한다. 왜냐하면 미국에서도 문맹이 생각보다 많기 때문이다. 하지만 쓰기를 계속 한다면 어휘력이나 독해력 향상에 좋은 영향을 미친다.

내가 쓰기를 공부하는 방법은 다음과 같다.

"말이 나오는 대로 쓴다."

원어민들은 쓰기는 말하기의 확장이라고 보고 공부를 한다. 쓰지 못하는 사람은 많아도 말하지 못하는 사람은 많지 않다.

반면 한국인 영어학습자들은 그동안 읽기와 쓰기에 집중하는 경향이 있었다. 듣기와 말하기는 신경 쓸 겨를이 없었다. 하지만 우리가 이 여덟 단계의 영어학습법을 밟아오면서 알게 되었듯, 어린아이의 성장 단계는 많은 경우에 듣기부터 시작해 표현하기, 따라 하기, 질문하기, 단어 찾기, 읽기, 말하기, 쓰기 순으로 이어진다.

쓰기에 대해서는 부담을 갖지 않는 것이 좋다. 내가 말을 하듯 쓰는 것이 시작이다.

어린이들은 보통 자신의 이름 쓰기부터 시작해, 부모님께 효도편지 쓰기, 그리고 그림일기 쓰기부터 시작한다. 일기를 쓰는 방식은 오늘 있었던 이야기를 엄마한테 이야기하듯, 선생님한테 이야기하듯 적는 것이다. 부모님께 쓰는 편지는 존댓말이 들어가니 더욱 그렇다.

그러면서 학문적 글쓰기도 점점 나오게 되는 것이다. 어떤 과목에 대해서 조사하고 나의 생각을 적어 넣는 것,

그리고 책을 읽고 느낀 점을 쓰는 것 등. 쓰기의 좋은 점은, 일상회화에서 많이 건들지 않는 깊은 영역에까지 사유가 가능하다는 데 있다.

초등학생이 하루 동안 사용하는 말의 범위는 별로 넓지 않다. 다음의 대화를 보자.

"영훈아, 어제는 뭐했어?"

"나는 어제 학교 끝나자마자 피시방에서 게임했어."

"그러면 엄마가 뭐라고 안 하셔?"

"응. 숙제만 하면 뭐라고 안 하는데."

"와, 좋겠다."

그렇게 깊은 이야기를 하지 않는다. 하지만 일기를 쓴다면, 혹은 어떤 책을 읽고 독후감을 쓴다면, 평소에는 잘 안 쓰지만 언어적으로는 조금 더 깊이를 가진 문어체를 사용할 수 있게 된다.

〈오늘의 일기〉

나는 게임을 별로 해본 적이 없다. 부모님이 하지 말라고 하셨기 때문이다. 학기 초에 영훈이와 피시방에 갔다가 걸려서 엄청 혼이 나기도 했다. 그 이후로는 게임을 못 하고 있다. 하지만 영훈이는 오늘 물어보니, 거의 매일 게임을 하는 것 같았는데, 부모님이 별로 뭐라고 하지 않으신다고 했다. 아마 영훈이는 게임을 해도 숙제를 잘 하니까 그런 것 같다.

영훈이가 부럽다.

쓰기를 하면, 이렇게 표면적으로 드러나지 않은 영역에서도 언어를 개발시킬 수 있다. 다양한 가정법을 사용해보고 나의 소망도 적어보면서 어휘력이나 언어구사력을 향상시킬 수 있다.

쓰기를 조금씩 시작해보자. 일기 쓰기부터 시작하면 좋다. 오늘의 날짜를 적고, 오늘 있었던 일에 대해 조금씩 써보는 것이다.

초등학생의 일기를 영어로 옮겨보면 다음과 같다.

⟨Today's journal⟩

I haven't had many chances to play computer games. Because my parents don't want me to. In the beginning of this semester, I went to PC room with my friend Younghun, but after my parents found out about it, they didn't like it. And after that, I didn't play games anymore. But it seems that Younghun is still playing computer games, because his parents don't really carer, as long as he does his homework.

I envy him.

조금씩 새로운 표현들을 써보는 것을 목표로 하면서 하루하루 써나가다 보면 어느 순간 수준이 매우 올라가 있는 것을 발견할 수 있을 것이다.

자신보다 조금 더 영어를 잘하는 사람을 멘토로 만들어서, 내가 쓰는 일기를 간단하게 첨삭해달라고 부탁하는 것 또한 좋은 방법이 될 수 있다. 실수를 교정해나가면서 성장할 수 있기 때문이다.

그 밖에 쓰기 실력을 업그레이드할 수 있는 잠재적인 방법은 동화책을 필사하는 것이다. 내 수준에 맞는 동화책을 읽어보고, 단어도 찾아보며 본문을 이해한 다음, 그것을 노트에 그대로 필사하면서 '아, 이 문장은 이렇게 쓰는 것이었구나'라는 것을 느끼면 좋다.

많은 작가들이 유명 작품을 필사하면서 명작의 흐름을 이해하기 위해 애쓴다. 우리도 명작을 필사하다 보면 어떤 식으로 글을 써야할지가 보일 것이다. 수준이 조금씩 올라가게 되면 조금 더 어려운 작품도 해보고, 〈뉴욕 타임스New York Times〉의 뉴스 기사를 필사해보는 것도 좋은 방법이 될 수 있을 것이다.

다시 한 번 말하지만, 목표는 언어의 자가생산이다. 듣고 따라 하고 관성에 젖어 학원에 들락거리는 감정이라고는 없는 앵무새가 아니라, 내가 하고 싶은 말을 조금 부족하더라도 풍부한 표현력을 담아 말하는 36개월 아기의 모습을 갖는 것이 우리의 최종 목표이다.

기초를 닦아 100층탑을 세우자

'기초'와 '쉬움'은
다른 말이다

베이직 영어, 베이직 중국어 등 기초라는 단어를 들으면 당연히 쉬울 것 같은 생각이 든다. 하지만 기초라는 뜻의 basic은 '쉽다'라는 의미와는 거리가 멀다. 쉬운 영어라고 했다면, 그냥 Easy English, 쉬운영어반, 별것 아닌 영어회화반이라는 게 생겼을 것이다.

basic이라는 말의 어원은 base에서 왔다. 건물의 기반이 되는 토대를 베이스라고 한다. 이 기초를 잘 닦아놓지 않으면 건물을 높이 쌓을 수 없다. 뿌리 깊은 나무가 울창하게 자랄 수 있듯이 말이다.

그렇기 때문에 '기초'라는 단어와 '쉬움'이라는 단어는 동의어가 될 수 없으며, 오직 '중요함'만이 '기초'라는 단어와 동의어가 될 수 있다.

기초를 세우는 법 중에 하나는 문법공부를 시작하는 것이다. 문법공부는 우리가 평생 해오던 것이지만, 지금부터 내가 이야기하는 것과 차이가 있다면, 이제는 말의, 말에 의한, 말을 위한 공부가 될 것이라는 점이다.

최고의 문법책을
활용하는 법

세계에서 가장 좋은 영어문법 교재가 있다면 무엇일까? 나는 케임브리지에서 나온 〈그래머인유즈Grammar in use〉라고 믿는다. 1209년에 창립된, 영어의 본고장 영국의 전통 대학에서 자신들의 언어를 연구하여 나온 문법책이다. 많은 유명 강사들, 많은 한국의 영어문법 교재들이 이 책에서 영감을 받았다고 해도 과언이 아니며, 스피킹 중심의 공부를 해온 나 또한 학생들을 가르칠 때 이 교재를 많이 사용했다.

한국에서 〈그래머인유즈〉좋은 것 모르는 강사가 없을 정도이고, 거의 올타임 베스트셀러이기도 한 문법책이지만, 안타깝게도 이 책을 제대로 활용하는 사람들은 드물다. 왜냐하면 실전을 가정하고 쓰는 일이 많이 없기 때문이다.

따라서 기초를 잘 사용하기 위해서는 일단 무엇을 배워야 할지에 대해 명확한 우선순위와 범위를 설정해야 한다. 그리고 그것을 어떻게 실전에 사용할지에 대한 전제를 항상 두고 사용해야 한다.

가장 필수적인 실전 문법

파레토의 법칙이라는 것이 있다. 어떤 것들 중 20퍼센트를 차지하는 것이 80퍼센트의 중요도를 갖는다는 말이다. 예를 들면 우리는 옷장에 넣어놓은 모든 옷들을 다 입지 않는다. 오직 20퍼센트 정도의 내가 좋아하는 옷을 100일 중 80일 동안 입는다.

문법도 이 법칙에 적용될 수 있다. 아주 많은 종류의 문법이 있지만, 우리가 필수적으로 알고 시작해야 할 문법은 생각보다 많지 않다.

그래서 그냥 문법을 넘어 실전 문법으로 가기 위해서는 우리가 가장 많이 사용하는 표현이 무엇인지 알아야 한다. 그래서 나는 학생들에게 콤팩트하게 가르칠 수 있을 만한 단원 아홉 개를 선정해보았다. 그것은 다음과 같다.

사물 묘사하기: 내 주변에 있는 것을 묘사할 수 있다.

단순현재 시제: 평소 반복되는 일상, 절대불변의 진리.

단순과거 시제: 어제나 작년 등, 지난 일을 말하는 것.

현재완료 시제: 완료, 경험, 계속적 의미를 말하는 것.

미래 시제: 미래의 일에 대해 이야기하고 물을 수 있는 것.

전치사: 위치의 전치사, 시간의 전치사, 전치사 구 등.

관계대명사: 더욱 긴 문장들을 붙여서 말할 수 있는 능력.

수동태: 주어가 필요하지 않거나 모를 때 쓸 수 있는 문장.

가정법: 일어나지 않은 일에 대한 상상과 가정.

이렇게 아홉 개의 단원을 마치고 나면, 기초적으로 일기를 쓰거나, 나의 일상을 말하거나, 내일 계획을 말하거나, 내 주위를 묘사할 수 있는 능력을 갖게 된다. 그리고 이것을 배움과 동시에 계속되는 듣기, 그리고 읽기 콘텐츠를 통해 점점 앎의 범위가 확장된다.

이 문법공부는 어린아이 시절에는 잘 하지 않는 것이다. 자연스럽게 배우게 되는 것인데, 이렇게 〈그래머인 유즈〉나 다른 문법책들을 통해 필수적으로 쓰이는 문법을 알아놓으면 말하기에 분명 보탬이 될 것이다.

초보자들은 〈그래머인유즈〉를 한국어판으로 구했다가, 나중에 기초회화가 어느 정도 잡히면 영어버전으로 다시 구매해서 공부해보는 것을 추천한다. 난이도 버전은 보라색 책(intermediate, 중급판) 버전이 좋다. 초급용은 너무 쉽기 때문이다.

기초가 탄탄하다는 것은

　기초를 잘 아는 사람들은 어떤 사람들인가? 내가 가장 많이 사용하는 문장들에 대한 반복 연습이 되어 있고, 그것을 어디에서나 사용할 수 있으며, 이 문장들에 대해서는 실수가 거의 없다. 보통 초급자가 중급자로 가지 못하는 이유도 기초의 부족에서 오지만, 중급자가 고급자로 올라가지 못하는 이유도 생각보다 기초의 부족에서 올 때가 많다.

　해외에서 일도 해보고, 교환학생도 다녀와보고 했지만, 한 번도 자신의 영어를 체계적으로 점검해볼 일이 없어서 과거형을 제대로 못 쓴다든지, 아니면 안 넣어도 될 단어를 끼워 넣어 알아듣기 어렵게 하는 식이다.

그래서 여건이 되는 사람들은 문법책을 통해 기초를 다
져보는 것이 좋겠다.

아이들은 태어날 때부터 언어의 기초를 탄탄히 다지면
서 성장한다. 굳이 문법책으로 공부하지 않아도 말이다.
그것은 매일매일 호기심과 천진난만함을 가지고 일상 속
에 적극적으로 부딪혀 질문하고 답을 얻어내는 능력 덕분
이다. 우리도 아이처럼 될 필요가 있다.

06

리허설 노트로
영어 고수
되는 법

방탄소년단이 절대로
빠뜨리지 않는 것

유튜브 오리지널 시리즈에는 전 세계를 사로잡은 방탄 소년단 다큐멘터리가 있다. 여기에는 세계 투어 공연을 준비하는 방탄소년단의 땀과 눈물 담겨 있다. 이 영상을 보면 세계 최고의 공연이 탄생하기까지 정말 많은 준비가 필요하다는 것을 알 수 있다.

아마 공연 기획에서부터, 안무를 연습하고, 의상을 구상하고, 콘셉트에 대해 회의를 하고, 누가 솔로 무대를 꾸밀 것인지에 대해 이야기하는 등 상당히 많은 과정을 거칠 것이다.

그 많은 과정 중에서도 방탄소년단이든, 무명가수든,

뮤지컬 공연이든, 다른 건 몰라도 반드시 해야만 하는 마지막 단계가 있다. 이것이 빠지면, 실전에서 제대로 설 수가 없다. 바로 리허설이다.

리허설이란 실전과 동일한 환경에서 모의 실전을 실행해보는 것이다. 무대 장치, 동선, 등이 공연 때마다 다르기 때문에 충분히 무대 위의 상황을 숙지해놓지 않으면 돌발 상황이 생길 수 있다. 그리고 조명이 어디에서 나를 비출지, 팬들은 어디에 위치해 있는지도 잘 알아둬야 한다.

거울 앞에서 아무리 열 시간씩 몇 주 몇 달을 연습해도, 이 리허설이 없다면 100퍼센트 완전한 공연을 펼칠 수 없다고 해도 과언이 아닐 것이다.

실전처럼 연습하라

다음은 베이징올림픽 당시 한 인터넷뉴스의 기사이다.

한국 양궁의 최대 라이벌로 떠오른 중국의 홈 텃세가 심할 것으로 예상되는 가운데, 대한양궁협회는 독특한 훈련법을 고안해냈다. 선수들의 심리적인 안정을 위한 훈련법으로, 베이징 양궁장을 그대로 재현해낸 곳에서 훈련을 한 것. 선수촌 양궁장에 관중은 물론 대회 관계자나 취재진 등의 모습을 그대로 담은 전동식 롤 블라인드를 설치해놓고 훈련을 진행했다. 뿐만 아니라 활을 쏠 때 들려오는 관중들의 함성이나 야유

까지 세팅해놓는 등 실제 경기장을 그대로 옮겨왔다.

고도의 집중력이 필요한 양궁장에서 중국인 관중들의 경기 방해를 예상한 한국 양궁협회가 머리를 쓴 것이었다.

"실전과 똑같은 환경을 만들어 실전에 대비하라."

그래서 그들은 화살을 쏘는 것뿐만이 아니라, 그때의 긴장감과 방해요소를 그대로 재현해내려고 한 것이다.

실제와 99.9퍼센트 유사한 환경으로 수천 번 연습한 우리 양궁대표팀은 금메달 2개, 은메달 2개, 동메달 1개를 획득할 수 있었다.

여기서도 우리는 같은 교훈을 얻는다. 당신의 영어에 리허설을 더하라!

당신의 영어에
리허설을 더하라!

'How are you'가 죽은 영어에 머무는 이유도, 대한민국 영어학습자들이 외국인 앞에만 가면 도망가는 이유도, 이 실전을 가정한 훈련이 덜 되어 있기 때문이다.

내가 수능 수학을 8등급에서 3등급으로 올렸던 이야기를 기억하는가? 그렇게 할 수 있었던 핵심적인 이유는 실전인 수능에서 낯선 문제를 최소화하는 것이었다.

여러분의 영어에서도 목표는 같다.

**"영어를 실제로 말하는 환경에서 부담감을 최소화하고,
내가 알고 있는 지식을 100퍼센트 끌어내 말하는 것."**

이것에 집중하기 위해서는 내가 배우는 모든 것이 실전 연습으로 이루어질 수 있어야 한다. 예를 들어 오늘 I like food. / What kind of food do you like? / Do you like Kimchi? 등의 기본적인 표현을 배웠다고 해보자.

이 표현을 배운 뒤 공부를 다 했다고 책을 덮을 것이 아니라, 집에 가서 엄마에게, 아니면 나보다 영어를 잘 하는 친구에게 이것을 적극적으로 사용해봐야 한다.

"다녀왔습니다."

"그래, 어서 와라."

"엄마, 제가 영어를 좀 배워왔는데, 엄마랑 좀 써봐도 될까요?"

"엄마는 영어 잘 못 하는데."

"그냥 들어만 주셔도 돼요."

"Mom! What kind of food do you like?"

"Do you like Kimchi?"

"I like your food mom!"

"어머. 너 영어 잘한다. 얘."

영어를 못하는 어머니께서는 별 답을 해주실 수 없을지 모르지만, 우리가 배운 표현이 그저 책 안에 숨어 있는 것이 아니라, 사람과 사람 간의 소통에 사용된다는 것을 체험적으로 느끼는 것만으로도 충분하다.

언어교환 카페에 가서 내가 배운 표현을 적극적으로 써보는 것도 방법이다. 언어교환 카페는 한국에 관심 있는 외국인과 외국 문화에 관심 있는 한국인이 모여서 한국어와 영어로 함께 이야기를 나누는 곳이다. 포털 사이트에 '언어교환 카페'라고 검색한 후 방문 후기가 많은 곳으로 가보자. 그곳에 가서 내가 그동안 배웠던 영어표현을 써보라.

나는 대부분의 영어를 우리 집, 버스, 지하철 등에서 mp3를 들으며 배웠다. 그래서 이 영어가 실제로 통하는지, 내 말을 다른 외국인이 알아들을 수 있는지가 궁금했는데, 언어교환 카페가 이러한 갈증을 많이 해결해주었다. 여러분에게도 강력 추천한다.

나만의 비밀노트,
리허설 노트 만들기

이 훈련은 상상 속에서 두려워하고 현실에서 피했던 상황을 실제로 직접 대면하여 익숙해지게 하는 것이다.

내가 무료 전화영어 수업을 했을 때 한번은 밴쿠버에서 7년간 거주하신 한국인 목사님이 고민상담을 해오셨다. 그분은 한인교회 목사님으로 한국인들과 주로 교류하시고, 한국어로만 말씀하며 생활하셨다고 한다. 문제는 그렇다 보니 영어가 전혀 늘지 않았다는 것이다.

목사님은 자신의 딸들이 이제 초등학생, 중학생이 되었는데, 슬슬 아빠의 영어실력을 가지고 놀린다며, 스트레스를 많이 받으신다고 말씀하셨다.

목사님께 지금까지 어떻게 영어공부를 해오셨냐고 여쭈었더니, BBC 뉴스를 많이 들었다고 말씀하셨다. 그래서 목사님께 이렇게 여쭈어봤다.

"목사님, 평소에 영어가 잘 안 되고 있는 상황이 언제죠? 말을 실제로 해야 하는데 잘 나오지 않는 때가 뉴스를 들을 때인가요?"

목사님이 대답했다. "아니요. 보통은 장보러 갈 때나 가족끼리 식사를 할 때 정도입니다."

"그렇다면 지금 겪고 있는 문제 자체를 해결할 수 있는 방법이 있지 않을까요?"

그래서 목사님께 리허설 노트를 제안했다. 영어에 능숙하지 않은 사람이 월마트 같은 대형 할인 매장에 가서 영어를 하려고 하면, 지레 겁부터 나는 게 사실이다. 목사님도 똑같았고, 지난 7년간 그렇게 지내오셨다. 하지만 그것은 상상 속 막연한 두려움일 뿐이다.

생각해보라. 당신은 홈플러스에 장을 보러가서 과연 몇 개의 한국어 문장을 사용하는가? 아마 열 개가 채 되지 않을 것이다. 이마트에 크리스마스 선물을 사러 간다면?

상황은 그리 다르지 않을 것이다.

거기까지 가서 "나는 여전히 지구가 태양을 공전하는 것이 아니라, 태양이 지구를 중심으로 공전한다고 생각해" 등의 말을 하지는 않을 것이다. 즉 어느 정도 예측 가능한 표현들이 쓰이는 곳이라는 말이다.

노트를 한 장 준비해보자. 맨 위에는 내가 가장 자주 가는 장소, 내가 가야 하는 장소의 이름을 쓴다. 그리고 노트를 반으로 나눠 왼쪽에는 거기서 쓰일 만한 한국어를 쓴다. 처음부터 영어로 쓰려고 하면 어렵겠지만 우리는 한국어에 한해서는 원어민이기 때문에 막힘 없이 쓸 수 있다. 아마 20개 정도를 쓸 수 있을 것이다.

그러고 나서는 오른쪽에 그것을 영어로 적어보는 것이다. 우선은 혼자서 적어보겠지만, 영어수준이 높지 않다면 영어를 잘하는 친구의 도움을 얻는 것도 좋다. 중요한 것은, 바로 써먹을 수 있을 정도의 간결하고 올바른 문장이어야 한다는 것이다.

그러고 나면 내 식대로 읽는 것이 아니라, 원어민의 발

Wallmart(월마트)

이거 얼마예요?	How much is it?
조금 더 큰 사이즈 있나요?	Do you have a larger one?
환불을 원합니다.	I'd like to get a refund.

음으로 연습할 수 있어야 한다. 그렇게 하기 위해서는 영어를 잘하는 친구에게 이것을 녹음해달라고 부탁하는 것이 좋다. 'How much is it?'이라는 말을 하는 데에도 대체로 통용되는 뉘앙스가 있기 때문이다. 원어민의 말을 100퍼센트 따라 할 필요는 없다. 그저 '아, 이런 식으로 이야기하는구나' 하는 아이디어를 얻는 것으로 충분하다.

그렇게 왼쪽 오른쪽에 한국어와 영어 표현을 채우고, 녹음파일을 얻어서 좋은 발음으로 말하는 연습이 되었다면, 오른쪽을 가리고 한국어만 보면서 단계가 영어로 말할 수 있는지를 시험해보라. 그 단계가 끝났다면, 그 종이를 들고 월마트에 가면 된다.

물론 시중에는 '상황별 영어회화 100문장' 이런 식의 책이 나와 있지만, 이것은 전에도 말했듯 외부에서 온 동기이고, 외부에서 온 문장이다. 이 경우 내가 원해서 배우는 것이 아니라서 금방 잊어버리게 된다.

하지만 실제 필요에 의해 직접 정리한 문장은 다르다. 목사님은 "이렇게 간단한 문장인데도 내가 못 썼다니!" 하시면서 쉽게 외우실 수 있을 것 같다고 이야기하셨다.

영어는 생각보다 어렵지 않다. 막연함이라는 장막을 걷어내고, 우리가 배워야 할 것을 직시하고 앞으로 나아가자. 그리고 두려움을 물리치기 위해 실제와 유사한 환경에서 반복해서 연습을 해보자.

영어의 안전지대를
벗어나라

엘레노어 루스벨트는 이렇게 말했다. "진정한 인생은 안전지대 밖에서 시작된다." 안전지대. 이는 사람들이 가장 편안함을 느끼는 물리적, 사회적 범위이다. 예를 들면 사람들은 자주 가는 동선이 있다. 집, 직장, 교회, 집, 직장, 교회. 이렇게 일상이 반복되다 보면 자신만의 안전지대가 생기는 것이다. 습관적으로, 자동적으로 무언가를 하게 되고 그것을 하는 데에 있어서 심적으로 편안함을 느끼는 것이다.

그런데 만약 전에는 한 번도 해본 적 없는 다른 직무로 이동하게 된다면? 자신의 안전지대를 벗어나게 되는 것이다.

 영어학습자인 우리는 이 안전지대를 벗어나야 한다. 고만고만한 영어 초보자들끼리 모여서 책에 있는 단어, 미드에 나오는 문장을 앵무새처럼 뻐끔거리는 것에서 벗어나, 정말 나를 불편하게 하는 상황으로 나 자신을 데려가야 한다.

 '낯설기 때문에 두려운 것이다. 익숙해지면 편해진다'라는 말은 으레 하는 말인 것 같지만, 사실 꽤나 근거가 있다. 행동심리학에서 노출치료exposure therapy라는 치료법으로 알려진 이 방법은, 어떤 사물이나 환경에 대해 두려

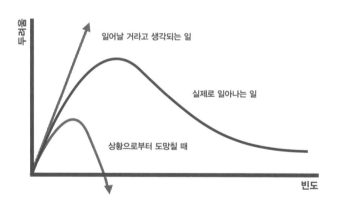

움을 갖고 있는 환자들에게 그 두려움의 대상을 지속적으로 노출시키는 방법으로 치료를 한다.

그래프에서 Y축은 두려움의 정도, 그리고 X축은 두려움의 대상을 마주하는 빈도수를 말한다. 여기서 환자는 경험을 하기 전에는 머릿속에 있는 두려움이 최고조에 이르고, 이 상황으로부터 도망가게 되면 두려움을 겪을 일이 없다. 그런데 이 대상을 계속 마주치게 되면 처음에는 두려움이 치솟지만 시간이 가면 갈수록 그것에 면역력이 생겨 두려움 지수가 낮아진다. 어떤 것이든 자주 접하면 면역력이 생기게 되어 있다. 이것을 여러분의 영어에도 적용해보자는 것이다.

영어실력, 그리고 두려움의 정도를 10점 만점으로 매긴다면, 영어 유창성은 다음과 같다.

영어지식 ÷ 두려움 = 영어실력

내가 만든 공식이지만 꽤 개연성이 있는 공식이니 한번 들어보라. 어떤 사람의 사례를 한번 보자. 27세의 남자.

고등학교 3학년 때까지 수업을 듣고, 영어 교양수업도 들었다. 3학년 때는 토익학원을 다녀서 880점을 받았다. 졸업 후 취업준비를 하고 있으며, 웬만한 생활영단어는 알고 있고, 어느 정도 리딩도 된다. 하지만 외국인 앞에서는 말을 거의 못한다. 스스로 영어울렁증이 심한 정도라고 이야기하는 상태. 이 사람의 영어지식과 두려움을 식으로 나타내면 다음과 같다.

영어지식 4점 ÷ 두려움 8점 = 영어실력 0.5점

자, 무슨 말을 하고 있는지 알겠는가? 모의고사를 한 번도 치르지 않은 채 수능을 보는 수험생과 같은 것이다. 실전에 대한 연습이 전혀 되어 있지 않은 채, 막연한 두려움만 있는 상태. 이런 상태는 내가 갖고 있던 영어실력까지 저하시키고 만다.

아무리 수능 범위에 대한 지식이 들어 있다고 해도, 제한된 시간에 정해진 문제를 정확히 풀고, OMR 카드에 답 체크까지 해야 하는 이 긴장감 가득한 시험 과정을 모의로 체험해보는 시간이 없다면, 실전에서 제대로 해낼 학생들은 아마 많지 않을 것이다.

마찬가지로 우리 영어학습자들 또한 영어를 그저 머릿속에 넣는 것만으로 그치는 것이 아니라, 우리가 두려워하고 있는 상황이 더는 두렵지 않고 익숙하게 느껴지도록, 나아가 편안하게 느껴지도록 외국인과 영어로 말하는 상황을 많이 접해봐야 한다. 인간은 습관의 동물이고 적응하는 동물이기 때문에, 생각보다 우리는 그 두려움을 일찍 벗어버릴 수 있다.

이 공식을 다른 사례에 한 번 더 적용해보자. 이번에는 영어지식은 전무한데, 두려움 또한 전혀 없는 상황이다. 바로 태어난 지 6개월 된 어린아이의 경우이다.

영어지식 1점 ÷ 두려움 1점 = 영어실력 1점

이 아이는 언어지식이 쌓이면 쌓일수록, 바로 자신의 실력으로 고스란히 남게 된다.

우리는 아직도 이 아이가 한 마디도 제대로 하지 못한 채 옹알이만 하고 있는 걸 알지만, 앞서 언급한 27세 남자보다 두 배 높은 점수를 받은 것을 보았다. 이 아이는 5년도 안 돼서 영어를 자유자재로 말하게 될 것이다. 두려움의 정도는 현재 실력에도 영향을 미치지만, 앞으로의 성장 가능성에도 지대한 영향을 미친다.

두려움을 익숙함으로, 익숙함을 편안함으로

결국 해결책은 간단하다. 유학생들, 교포들이 하는 경험을 국내에서 할 수 있는 방법을 찾는 것이다. 외국 사람들을 만나서 어떻게든 부딪혀보는 상황을 30번 이상 만드는 것을 목표로 해보라. 어떤 일이든 30일을 하고 나면 적응이 되고, 익숙해지고, 또 습관이 되기 때문이다.

국내에서 사용할 수 있는 방법들은 생각보다 많다. 기술의 발달, 그리고 좁아진 세계 덕분에 우리는 방 안에서도 어플리케이션을 통해 외국인들과 친구가 될 수 있고, 조금만 검색해보면 외국인들과의 언어교환 모임도 활발하게 진행되고 있다는 것을 알 수 있다.

"어차피 한 마디도 못 할 텐데 어떡하지?"

맞는 말이다. 하지만 그 말은 한 번만 갔을 때의 경우이다. 30번 가는 것을 목표로 잡아보라. 그러면 다음과 같은 일이 생길 것이다.

첫 번째 모임

외국인 친구: Hello, are you new here?

나: 응? new? 예스예스!

외국인 친구: Hey, nice to meet you! :)

나: 나이스? 아! 나이스 밋 유!

외국인 친구: I am from the US. I am from California. Where are you from?

나: 캘리포니아? 오 예스예스!

첫 번째 모임이 끝난 뒤 대화를 곱씹어본다. 외국인 친구가 'new'라고 말한 것을 떠올리며 '처음 왔다'라는 표현을 찾아보고, 두 가지 정도의 표현이 있음을 확인한다.

I'm new here.

It's my first time.

그리고 보통 처음 만났을 때는 'Nice to meet you'라고 인사하고 'Nice to meet you, too!'라고 답한다는 것을 배운다. 캘리포니아 이야기를 한 것을 보아 출신지를 이야기했다는 것을 알 수 있다. 인터넷에 또 찾아본다. 'Where are you from?'이라는 질문을 받으면 내 출신지를 말해야 한다는 것을 배운다. 그다음 답변하는 법을 찾아보고, 좀 더 검색을 하면서 나도 되물을 수 있는 방법이 있다는 걸 알게 된다.

'Where are you from?'

'I'm from Seoul.'

'How about you?'

두 번째 모임

외국인 친구: Hello, are you new here?

나: Yes, I am new here!

(응? 나 처음 아닌데…. 전에 한 번 와봤다고 하고 싶은데…. 일단 이야기하자.)

외국인 친구: Hey, nice to meet you! :)

나: Nice to meet you, too!

외국인 친구: I am from the US. I am from California. Where are you from?

나: I am from Seoul!

나 : (아…. 한국엔 어떻게 왔는지 묻고 싶은데….)

Why you here Korea?

외국인 친구 : I'm an exchange student here!

두 번째 모임을 다녀와서는 두 가지 정도가 답답했다. 우선은 '나 전에 여기 와봤어'라고 해야 하는데 하지 못한 것. 그 표현을 찾아보니 이렇게 나온다.

" I've been here before. "

그리고 왜 한국에 왔는지에 대한 좀 더 적절한 표현이 없는지 궁금해졌다. 찾아보니 이렇게 나온다.

"Why did you come to Korea?"

그런데 표현이 너무 직접적인 것 같아 영어를 잘하는 친구한테 물어보니 이런 표현이 있다고 한다.

"What brought you here in Korea?"

이렇게 모임에 계속 참여하면서 지난 모임에서 부족했던 점을 보완하고 새로운 표현들을 배운다.

물론 현실세계는 대본에 따라 움직이지 않는다. 하지만 이런 지침들을 기억한다면, 실제 영어를 사용하는 환경에 노출되는 시간이 늘어감에 따라 영어실력이 효율적으로 늘게 될 것이다. 중요한 것은 이것이다.

오늘 영어를 사용하다가 헷갈렸던 표현, 궁금해서 몸

이 근질근질 했던 표현을 집에 와서 날이 가기 전에 익혀둘 것!

똑같은 실수를 반복하지 않을 것!

실수가 두렵지 않은 어린아이처럼

한 달 전쯤이었나, 교회에서 예배를 마친 후 여섯 살 꼬마 휘온이와 놀아주었는데 휘온이가 내게 이런 질문을 했다.

휘온: 시찬이 삼촌, 근데 려민이 형은 일곱 살인데 왜 나보다 더 작아?

나: 응, 그건 사람마다 다르게 성장해서 그래.

휘온: 성장이 뭐야?

나: 하하하. 성장은 크는 거! 무럭무럭 크는 걸 '성장한다'라고 해.

휘온: 성장? 성장! 성장…. 성장….

휘온이는 몇 번을 되뇌었다. 점심을 먹은 뒤 오후 모임 시간에 휘온이를 다시 마주쳤다. 그래서 이렇게 물어봤다.

나: 휘온아, 성장이 뭐라고?
휘온: 크는 거!!

얼마나 뿌듯했는지. 그다음 주에는 휘온이와 색칠공부를 했다. 색칠하는 색이 삐져나오지 않으려면 경계에 선을 진하게 그려놓고 그 안에 색칠을 하면 된다고 했더니 휘온이가 이렇게 물었다.

휘온: 경계가 뭐야?

휘온이는 한국나이로는 여섯 살이지만, 만으로는 네 살이다. 태어난 지 이제 4년이 좀 지난 이 아이는 일상 속에서 수많은 모르는 단어를 마주친다. 그러면서 아이는 성장한다. 이번 주에 만난 휘온이는 내가 묻지도 않았는데 나에게 이렇게 말했다.

"삼촌! 저번에 나 성장이랑 경계 배운 거 다 기억해! 성장은 크는 거! 경계는 사이에 있는 선!"

휘온이만 특별한 게 아니다. 당신도, 나도, 이렇게 작고, 이렇게 모르는 게 많았던 어린아이였지 않은가. 어린이에 겐 신비한 어떤 힘이 있는 것 같다. 무지를 부끄러워하지 않는 마음. 계속 질문하며 답을 얻고, 그것을 지식으로 만들어 성장하는 힘.

우리는 대체 언제부터 질문하는 방법을 잊어버리고 성장하는 것을 포기한 채 나의 얕은 지식의 한계가 들킬까 두려워하기만 하는 그런 어른이 되어버리고 만 것일까?

세네카는 이렇게 말했다. "인간은 현실보다 상상 속에서 더 고통받는다." 생각보다 현실은 할 만하다. 그리고 계속 부딪힌다면, 우리는 점점 나아질 것이다. 오늘의 실수가 내일도, 모레도, 내년에도 반복되는 것만 막는다면, 당신은 반드시 나아질 것이다. 막연함은 명확한 목표를 세움으로써 무찌르고, 두려움은 계속 그 대상에 노출되면서 없애면 되는 것이다. 다시 어린아이가 되어서 말이다.

영어학교에서
졸업하라

마침내
영어에서 해방되다

우리가 씨름하고 있는 영어공부. 우리는 여기서 졸업해야 한다. 입학생만 있고 졸업생은 없는, 탈출구 없는 영어교육 시장에서 우리는 마침내 해방될 수 있다.

10년 동안 영어공부를 하면서도 항상 걱정스러웠던 것은 내 방에서, 버스에서, 지하철에서 혼자 배웠던 영어가 과연 외국 사람들도 알아들을 수 있는 언어일까 하는 것이었다.

하지만 다행스럽게도 사람들은 나의 말을 많이 알아들어주었다. 언어에서 중요한 것은 문법과 철자가 아니라, 상대방과 연결되고자 하는 마음이었다.

지금부터 골방에서 습득한 나의 영어가 현실에서 통한 사례들, 마침내 영어공부에서 해방되어 자유롭게 날개를 달게 된 사례들을 하나씩 이야기해보겠다.

한국에서 외국처럼
영어 써 먹기

'한국에 사는데 영어를 배워서 어디에 써 먹겠어?'라고 생각하는가? 그렇다면 2015년에 쓴 나의 일기를 보기를 권한다.

〈2015년 8월 1일의 일기〉

7월 29일 수요일, 합정역. 한국어 과외를 하러 가던 중에 길을 잃은 듯 보이는 한 외국인 관광객 커플을 만났다. 그들은 앞뒤로 엄청나게 큰 백팩을 메고 있었다.

나는 그들에게 "Do you need help?"이라고 먼저 말을 건넸고, 그들은 '돈수백'이라는 국밥집 쪽으로 가야 한다고 했다. 그들은 아일랜드 사람이었고, 인상이 정말 선하고 좋았다.

내가 갖고 있는 지도앱으로 금방 길을 찾을 수 있었고 마침 가던 방향이라 함께 걸어가자고 했다. 걸어가는 길에 약 5분 정도 이야기를 나눌 수 있었는데, 그들은 여행을 떠난 지 벌써 6개월여가 되어가고, 그동안 베트남, 태국 등 아시아의 많은 나라를 다니다가 한국에 일주일 정도 머무는 거라고 했다.

이 여행객 커플이 나는 너무 마음에 들었지만, 길한 번 알려줬다고 연락처를 묻는 건 실례가 될 것 같았다. 그래서 좋은 여행이 되길 바란다며 인사를 하고 그들을 보낸 뒤 나는 다시 가던 곳으로 갔다.

저녁에는 이태원에서 약속이 있어 그곳으로 이동했다. 약속시간까지 두 시간 정도가 남아서 카페에서 밀린 일을 한 다음, 30여 분 정도 이태원 거리를 걸었다.

"듣던 대로 이태원에는 외국인들이 참 많구나. 그 외국인 관광객 커플은 지금쯤 뭐하고 있으려나?"

7시 20분, 약속시간 10분 전, 나는 마지막으로 ABC마트에 들렀다. 입구에 들어서자마자, 좌측에 외국인 두 명이 신발을 고르고 있었다. 아까 만난 그 커플이었다.

점심에 합정역에서 만났던 일면식도 없는 외국인 커플을 저녁에 완전히 동떨어진 다른 지역의 신발가게에서 다시 마주칠 확률이 얼마나 될까?

"Hey! What a coincidence!"
– "와. 이런 우연이 있나요?"

우리는 마치 오랜만에 만난 친구처럼 서로를 반기며 인사했다. 나와 헤어지고 나서 잘 놀았냐고 했더니, 숙소에 짐을 놓은 뒤 와이파이가 되는 곳이 딱히 없어 카페에만 있었다고 했다. 그렇다고 로밍을 하기엔 앞으로 사흘밖에 머물지 않을 거라서 안 하는 게 낫다고 판단했단다.

내 백팩에는 한동안 쓰지 않았던 와이파이 에그가 있었다. 얼마 전부터 데이터무제한 요금제를 쓰기 시작했기 때문에 그야말로 애물단지가 되었는데, 무슨 생각이었는지 이번 주부터 그냥 가방에 챙겨 넣고 다녔었다. 아마 노트북을 사용하기 위해 핫스팟을 쓰면 배터리가 많이 닳기 때문에 그랬던 것 같다. 에그는 휴대용 와이파이 수신기이다. 디바이스 커버 안에 있는 암호를 입력하면, 월 30GB 정도의 데이터 사용이 가능하다.

"Why don't you use my egg?"

- "내 에그를 쓰는게 어때요?"

그들은 처음에는 사양하더니, 내가 계속 권하니까 제안을 수용했고 정말 고마워서 어쩔 줄을 몰라 했다. 정말 나에게 돈을 주지 않아도 되겠냐고 묻기에, 이렇게 이야기했다.

"I don't need money. I just hope that someday when you look back after this journey, you will remember Korea as a good country."

– "돈은 됐어요. 그냥 저는 두 분이 나중에 한국에서의 기억을 추억할 때, 좋은 기억만 있기를 바랄 뿐이에요."

그들은 진심으로 고마워했고, 우리는 기념으로 사진을 한 장 찍었다. 그리고 에그는 서울을 떠나는 금요일에 만나서 받기로 했다. 그들의 이름은 데이비드와 리안. 요리학교를 졸업한 셰프 커플이다.

금요일이 되었다. 한 시에 역삼에서 회의가 있었는데, 열한 시 30분쯤 만나서 에그를 전달받고, 기억에 남을 만한 한국음식으로 밥을 한 끼 사주고 보내고 싶었다. 그래서 데이비드 커플을 만나서 강남역에서 꽤나 유명하다는 닭갈비집에서 함께 점심을 먹었다. 밥을 자기네가 산다고 해서 끝까지 말렸다.

"No, this is MY treat. Korea is my home ground.

I'm not gonna let you pay for the meal. haha."

– "아니야, 내가 살 거야. 한국은 내 홈구장이잖아. 내가 사게 해줘."

그렇게 철판볶음밥까지 싹싹 긁어 먹은 다음, 디저트로 뭐가 좋을까 하다가, 유명한 빙수집이 생각나서 그리로 데리고 갔다. 그리고 망고빙수를 시켜 먹었는데, 데이비드 커플이 말하길, 처음에는 빙수의 비주얼이 싱가폴에서 먹었던 이상한 디저트를 연상케 해서 잠깐 망설였지만 먹어보니 환상적이었다고 했다. 그래서 만약 맛이 없었으면 어떻게 했을 거냐고 물었더니 "맛있게 먹는 척해야지"라고 했다.

아무튼 맛있게 먹어서 참 다행이라는 생각이 들었고, 강남역 지하철까지 데려다주었다. 오늘은 부산으로 가서 거기에 있는 아일랜드 친구를 만나고, 며칠 후에 일본으로 갈 거라고 한다. 앞으로 1~2개월 정도의 여행을 마치고 나면 뉴질랜드로 건너가 일자리를 구하고 거기서 1년 정도 머물 생각이라고 한다.

마지막에 강남역 안에서 작별인사를 나누고 또 사

진을 찍었다. 그리고 언젠가 만날 것이라는 이야기를 남겼다.

"I hope someday our paths will cross and see each other again."

– "언젠가 우리의 여정이 겹쳐 다시 보게 되면 좋겠어."

그렇게 그들은 떠났다. 내 손에는 에그가 들려져 있었다. 내 핸드폰에는 사진이 있었고, 내 마음속엔 기분 좋은 기억이 남았다.

Dear David and Rian,

It was pleasure to meet you two.And like I said earlier, I just hope that when you think of Korea someday later, you will remember only good things.

I will look forward to the day whenour paths will cross as miraculously as last time! Have a

safe trip and see you again!

Sincerely, Shichan

07 · 영어학교에서 졸업하라

이 글을 쓴 지 4년이 지났다. 얼마 전 데이비드와 리안에게 연락해 안부인사와 함께 우리의 이야기와 사진을 책에 실어도 되겠냐고 물어보았다. 그랬더니 그들은 너무도 흔쾌히 책에 넣어준다면 영광이라고 이야기하며, 그때 받았던 따뜻한 마음에 보답하기 위한 것이라면 어떤 것이든 기쁘게 해주겠다는 답변을 보내왔다. 그리고 내 책의 출간을 진심으로 축하해주었다. 이 사랑스러운 커플은 올해 결혼을 앞두고 있다.

만약 지난 30여 년간의 영어교육이 대한민국에서 조금만 더 효율적으로 이루어져서 한국의 많은 사람들이 영어를 잘 구사할 수 있었다면 어땠을까? 아마 내가 이날 했던 경험을 수많은 다른 사람들도 했을 것이고, 외국인 관광객들은 한국에 대한 좀 더 좋은 이미지를 가질 수 있지 않았을까?

세계 뉴스를 실시간으로
접하는 방법

2018년 9월 12일 새벽 세 시, 나는 독서모임 뒤풀이를 마치고 새벽 첫차를 타기 위해 피시방에 가 있었다. 그리고 이 시각, 지구 반대편 미국 캘리포니아에서는 애플의 신제품 발표회가 라이브로 시작되고 있었다.

나는 피시방에 앉아서, 애플 홈페이지에 들어가 그 신제품 발표회가 진행되는 약 두 시간 동안, 넋을 잃은 채 모니터를 바라봤다. 더 커진 디스플레이, 어두운 곳에서 빛을 발하는 카메라, 스테레오 마이크, 새롭게 추가된 색상 등, 신형 아이폰에 대한 키노트 스피치에 매료되었다. 얼마 후 나는 유튜브의 테크 유튜버들을 통해 무엇이 정말 좋아진 건지, 이번이 전작에 비해서는 얼마나 혁신적인지, 아니면 그렇지 못한지 또한 찾아보았고, 실시간으로 뜨는 기사도 모두 읽어보았다.

모두 영어로.

시간을 8년 전으로 거슬러 올라가보자. 2010년 6월 애플 제품 발표 당시, 나는 대학교 2학년이었다. 스티브잡스의 키노트를 보긴 보았다. 하지만 다 보지는 않았다. 나는 생활회화는 능숙하게 할 수 있는 수준이었지만, 전자기기를 소개하고 홍보하는 어휘에는 익숙하지 않았다. 나의 영어는 아직 온전하지 않았다. 그래서 스티브 잡스가 하는 이야기 중에서 'beautiful', 'gorgeous' 같은 이야기만 들릴 뿐, 다른 말은 잘 들리지 않았다. 그때를 생각하면 참 장족의 발전이다.

미국에서 뉴스가 뜨거나, 아니면 이와 같은 신제품 발표회를 하면, 한국에 그 정보가 오기 까지는 적어도 몇 시간에서 하루 정도는 소요가 된다. 하지만 내가 영어를 알고 있다면 그 소식을 바로 보는 쾌감을 느낄 수 있다. 번역을 거치지 않고 해외 정보를 습득하는 것. 영어를 제대로 배운 사람들만이 아는 즐거움이다.

지식을 10배
확장하는 법

세계적인 베스트셀러들 중 일부는 한국에도 번역이 되어 나온다. 하지만 세상에는 한국어로 번역되지 못한 책이 참 많다.

하지만 영어는 어떨까? 전 세계에서 이번 한 해 동안 출시된 책의 권수는 252만 5,939권이라고 한다. 이 숫자는 지금도 실시간으로 업데이트 되고 있다.

그리고 각 나라별 연간 책 출간 종수에 대해 유네스코에서 수집한 자료에 의하면 한국에서 2011년 4만 4,036권의 책이 출간되었고, 미국에서는 32만 8,259권이, 같은 영어권 국가인 영국에서는 20만 6,000권의 책이 2005년에 출간되었다. 미국과 영국의 출간권수만 따져도 50만 권이 넘으니, 한국어 출간책에 비해 영어로 출간되는 책만 10배가 훌쩍 넘는다는 것을 알 수 있다.

70억 인구가 사용하고 있는 인터넷 언어는 어떨까? 웹기술 조사 업체 W3Techs에 따르면 오늘날 인터넷 점유 언어 중 1위는 단연 영어로 전 세계 인터넷의 절반(53.1퍼센트)을 차지했다. 한국어 점유율은 얼마였을까? 0.9퍼센트였다. 약 50배의 차이가 난다.

이는 지식의 탐구와 배움의 영역에 있어서 언어가 차지하는 중요성을 보여준다. 세계 뉴스를 찾아볼 때 한국어로만 인터넷 검색을 하는 것보다, 영어로 검색 하는 것이 약 50배의 결과물을 더 가져다준다는 얘기다.

영어를 배운 다는 것은 그저 시험점수를 잘 맞는 것을 의미하는 것이 아니라 내 지식의 10배, 50배의 확장 가능성을 의미한다.

영어를 배우고 있다면 포털 검색 사이트를 초록창에서

구글로 바꿔보자. 영어로 질문을 적어 넣는 법, 검색어를 적는 법에 대해 배워보자. 새로운 세상이 열리게 될 것이다.

보스턴의 변호사와
친구가 된 비결

다음은 2013년 12월 25일의 일기이다.

〈버스 안에서 얻은 귀한 인연〉

한국에서 태어났지만 미국인 가정에 입양되어 일생을 미국에서 자라고 현재는 보스턴에서 변호사로 활동하고 있는 이안 모릴lan Morrilll은 자신의 친형이 있는 부산에 가기 위해 KTX를 타러 서울역으로 가는 버스를 탔다. 공교롭게도 간발의 차로 이전 버스를 놓친 터라 시간이 촉박한 상황에다 한국어도 전혀 못 하고 서울 지리도 잘 몰라 헤매던 참이었다.

한국에서 태어났지만 영어를 좋아하고 일생을 한국에서 자라고 현재는 숭실대학교에서 꿈 많은 청년으로 활동하고 있는 유시찬 군은 부천 범박고등학교에서 고등학생들을 대상으로 진학 강연을 하기 위해 서울역으로 가는 버스를 탔다. 열심히 뛰어간 끝에 막 출발하려던 버스를 잡아 탈 수 있었다. 주변에 외국인이 있으면 '혹시 도와줄 일이 없나' 하고 일단 스리슬쩍 근처로 가보는 습관이 있던 시찬 군의 눈에 이안이 들어왔다.

우리 둘은 이렇게 만나게 되었고, 이런저런 이야기를 나누면서 서로의 꿈과 열정에 반하게 되었다. 이안은 KTX를 한 대 놓치고 나도 강연에 늦을 뻔하였지만 서로라는 귀한 친구를 알게 되었고, 우리는 2013년 크리스마스 하면 기억에 남을 소중한 기억을 공유하게 되었다.

이안은 부산에 무사히 도착해 눈에 넣어도 아프지

않을 조카와 상봉하였고, 시찬 군도 범박고등학교에서 강연을 무사히 마치고 돌아왔다.

Ian, I just wrote about the day I met you in the bus, and hopefully your brother can translate this! (I can't really deliver my full feeling in English yet!) I am truly grateful that I got to meet you and get to know you. And I will be looking forward to meeting you again when our paths cross. I wish you and your loved ones a very merry Christmas and may God bless you.

나는 영어를
졸업했다

나는 영어를 졸업했다. 보통 졸업했다는 말은, 마스터했다는 말로는 쓰이지 않는다. 어느 정도 배움을 얻었고, 다음 단계로 갈 준비가 되었다는 뜻으로 많이 사용된다. 그렇다면 영어를 졸업하는 조건은 무엇일지 알아보자.

1. 집, 학교, 할인마트, 교회, 버스나 지하철 등, 내가 일상 속에서 자주 가는 활동 반경에서 영어 때문에 얼음이 되지 않는다. 문장은 불완전할지라도 내 의사를 표현할 수 있으며, 생활하는 데에 지장이 없다.

2. 내가 익숙한 주제 내에서라면 내 생각을 자유롭게 이야기하고 또 상대방과 대화를 나눌 수 있다. 익숙한 주제가 아닐 경우엔 가끔 막히는 모습이 보이지만, 적극적으로 질문하면서 오늘의 부족한 점을 내일까지 보완하는 것이 가능하다.

3. 언어를 문자에만 갇혀서 쓰는 것이 아니라 표현 중심으로 쓴다. 갓난아기가 배고프면 울음을 터뜨려 그 의미를 전달하듯, 영어를 졸업한 학습자는 어려운 말을 잘 못하더라도, 쉬운 말로 대체해서 설명하는 능력이 있으며, 모를 경우에는 적극적으로 질문함으로써 그 답을 얻어낸다.

어려운 것이 아니다. 우리가 영어공부에 대해 알아야 할 많은 것들은 이미 유아기의 아이가 자연스럽게 자신의 모국어를 배우는 약 24개월의 과정 안에 다 담겨 있다. 듣고, 표현하고, 따라 하고, 질문하고, 단어를 습득하고, 쉬운 동화책부터 읽고, 간단한 것부터 말하고, 말하듯이 쓴으로써 우리는 언어를 창조해내는, 언어구사자가 된다.

당신도 반드시 해낼 수 있다. 내가 해냈듯이. 대한민국에는 더 많은 영어 졸업자가 나와야 한다.

마침내 영어에서 해방되다

다음은 내 수업을 듣거나, 과외를 받았던 학생들의 후기이다.

수강후기 | 한재○ 학생

선생님 잘 지내고 계신가요? 저는 유럽 여행 마치고 집에 온 지 딱 2일 됐습니다. :)
유럽여행을 다니는 도중에 선생님한테 배웠던 모든 것들이 진짜 도움이 많이 됐어요!
태어나서 처음으로 외국인 친구들과 영어로 대화도 해보고, 말을 틀리게 하더라도 외국인 친구들이 이해해주고 교정도 해줘서 영어에 대한 두려움이 정말 많이 없어졌어요!
유럽여행을 하는 내내 선생님께 정말 감사하다는 생각이 들어서 이렇게 메시지를 남깁니다. :)
오늘도 행복한 하루 보내세요!

한재○ 씨는 실수를 두려워하지 않고 일단 내뱉으면 된다는 것을 깨닫게 되었다. 그리고 자신의 실수를 그날이 가기 전에 고치는 연습을 했다. 무작정 부딪히고, 피드백을 얻고, 고치고, 더 낫게 말하고, 또 부딪히고. 그렇게 몇 개월간의 유럽여행 동안 그는 많이도 성장했다.

수강후기 | 김새아○ 학생

어린아이의 눈높이에서 내 주변의 가까운 사물부터 내 일상, 그리고 생각을 말하는 훈련을 단계별로 진행하면서 생각만큼 잘 안 되는 부분들이 있었어요.

그때마다 스스로 '왜 안 되지?' 하고 궁금해했었는데 먼저 이 단계를 밟으셨던 시찬 쌤이 왜 그러는지, 그럴 때마다 어떻게 연습하면 좋은지를 알려주셨어요.

그래서 막히는 순간이 올 때마다 자신감을 잃기보다는 이게 자연스러운 과정이라고 생각할 수 있었어요. 이렇게 꾸준한 연습을 통해 영어회화를 시작한 지 4주 만에 큰 준비 없이 본 토익스피킹 시험에서 6급을 맞았어요.

다른 사람과 비교하면 높은 점수는 아니지만 제 처음 수준을 생각하면 스스로 만족스러운 점수였습니다. 수업은 끝났지만 영어 공부는 이제 제대로 시작하는 것 같아요.

전에는 학원이나 인강 등의 도움이 없으면 어떻게 해야 할지 모르고 쩔쩔맸지만 이제는 오히려 독학에 자신이 생겼습니다. 감사합니다. 시찬 쌤!

어린아이의 눈에서 내 주변의 사물을 관찰하는 법을 익힌 김새아○ 씨는, 어린 아이의 천진난만함과 포기를 모르는 걸음마 정신에 대해 배웠다. 그래서 끊임없이 영어에 대해 질문하고, 또 내게 질문을 던지고 답을 찾아 나갔다.

수강후기 | 이미○ 학생

유시찬 잉글리쉬를 시작할 때 쯤 외국계 회사로 이직을 했는데, 처음엔 무슨 이야기인지 못 알아듣고 말도 잘 못했던 제가 지금은 어느 정도 영어로 의사소통이 되는 모습을 보면서 유시찬 잉글리쉬의 도움이 정말 컸다는 걸 느꼈어요! 무엇보다도 가장 큰 변화는 영어가 드디어 재미있어졌다는 거예요! 지금까지 저한테 있어서 영어는 언젠가는 극복해야 할 성가신 존재였는데 유시찬 잉글리쉬를 들은 이후에는 영어공부에 재미를 붙여서 영어를 더 잘하고 싶다는 생각이 처음으로 들었거든요!
지금까지 내가 해온 영어 방법이 맞는지 의문이 드는 분들, 기초를 탄탄하게 쌓고 싶은 분들, 그리고 저처럼 이제는 영어를 진심으로 즐기고 싶은 분들께 유시찬 잉글리쉬를 추천합니다. :) 후회하지 않으실 거예요!!!

이미○ 씨는 완전 기초부터 시작해야 했다. 하지만 수업을 따라오면서 가장 앞에 앉아서 열심히 듣고, 질문을 하느라 가장 늦게 교실을 나가는 사람 중 한 명이었다. 어린아이 그 자체를 보는 듯했다. 역시 영어공부는 지금의 실력의 좋고 나쁨이 아니라, 학문을 대하는 태도, 그리고 실제로 연습을 끊임없이 해보는 끈기와 집요함이 중요하다는 것을 느끼게 해준 학생이었다.

마침내 영어에서 해방되었다는 것은, 영어를 마스터했다는 것보다는 이것에 더 가깝다.

"이제 어떻게 해야 할지 알겠다!"

나를 막고 있던 막연함과 두려움, 완벽에 대한 강박에서 자유로워지고, 오늘 내가 어떻게 공부하면 될 것인지, 실수란 두려워만 하는 것이 아닌 최대한 많이 저질러봐야 하는 연습의 과정임을 깨닫는 것이 아닐까?

아기가 침 흘리며 옹알이를 수천 번 한 끝에 단어가 만들어지는 것처럼, 안 좋은 발음이지만 계속 말하면서 조금씩 낫게 만들어 좋은 발음을 하게 되고, 계속 영어를 말해야 하는 실전 상황을 맞닥뜨리면서 삽질을 하더라도 점점 실수를 줄이고, 점점 더 알아들을 수 있는 말을 하게 되는 것이 아닐까?

이런 과정을 통해 이제는 나도, 우리 학생들도 영어에서 해방되었다. 앞으로 영어를 공부하지 않는다는 뜻이 아니다. 영어에 끌려 다니기만 했던 노예에서, 주체적으

로 영어를 공부하고 적극적으로 영어를 사용하는 주인이
된 것이다.

이 이야기는 여러분의 이야기가 될 수 있다. 나는 여러분
을 100퍼센트 응원하고 지지한다. 이 책을 읽고 궁금한 점
이 생긴다면 shichan.ryu@gmail.com 내 메일 주소로 이메
일을 보내주시라. 정성껏 읽고 답을 드릴 수 있도록 하겠다.
이 모든 것을 쓰면서 내가 하고 싶었던 여러분들에게
한 가지 이야기는 바로 이것이다.

"당신은 영어에서 반드시 해방될 수 있다."

내가 이 말의 증인이고, 또한 내 학생들이 그 증인이다.
당신이 또 한 명의 증인이 될 수 있도록, 책 안에서 책 밖
에서 늘 돕겠다. 나를 인터넷과 유튜브에서 꾸준히 검색
하기를 바란다. 앞으로도 꾸준히 여러분, 영어학습자들을
위해 일하는 영어 강사 유시찬이 되리라고 약속한다.

당신은 반드시 영어에서 해방될 수 있다

1판 1쇄 발행 2019. 2. 25.

지은이 유시찬

펴낸이 조광환
펴낸곳 프로작북스

ISBN 979-11-963695-5-2 13190

주소 서울시 마포구 양화로3길 61, 1층
전화 070)4234-4569 | 팩스 031)6442-4524 | 이메일 luffy@passionoil.kr
등록 제 2017-000166호 (2017년 6월 21일)